"十四五"职业教育国家规划教材

电子商务基础

主　编　杨国良

副主编　庞学媛　刘　琪

北京理工大学出版社
BEIJING INSTITUTE OF TECHNOLOGY PRESS

内 容 简 介

本书依据目前电子商务发展方向及最新的岗位技能要求,以提升读者电子商务认知为目标,参照新的行业数据,结合企业真实案例,全面系统地介绍了目前主流的电子商务所涵盖的内容。本书共包括七个项目,即电子商务概述、电子商务规划、电子商务运营、网站管理与营销、跨境电子商务、配送支付、电子商务安全管理,涵盖 23 个任务(模块)。本书将学习者的技能体验与学习任务紧密结合,体现出"做中学,学中做"的思想,具有较强的实用性。

本书结构清晰、语言简洁、图解丰富,既可作为应用型本科、高职、中职院校的电子商务、跨境电子商务、市场营销、网络营销、企业管理、移动商务、连锁经营管理等相关专业的教材,也可供电子商务相关从业者和社会之用。

版权专有　侵权必究

图书在版编目(CIP)数据

电子商务基础 / 杨国良主编. --北京:北京理工大学出版社,2021.11

ISBN 978-7-5763-0690-3

Ⅰ.①电⋯　Ⅱ.①杨⋯　Ⅲ.①电子商务–高等学校–教材　Ⅳ.①F713.36

中国版本图书馆 CIP 数据核字(2021)第 231453 号

出版发行 /	北京理工大学出版社有限责任公司
社　　址 /	北京市海淀区中关村南大街 5 号
邮　　编 /	100081
电　　话 /	(010)68914775(总编室)
	(010)82562903(教材售后服务热线)
	(010)68944723(其他图书服务热线)
网　　址 /	http://www.bitpress.com.cn
经　　销 /	全国各地新华书店
印　　刷 /	河北盛世彩捷印刷有限公司
开　　本 /	787 毫米×1092 毫米　1/16
印　　张 /	14.25
字　　数 /	320 千字
版　　次 /	2021 年 11 月第 1 版　2021 年 11 月第 1 次印刷
定　　价 /	49.80 元

责任编辑 /	王晓莉
文案编辑 /	王晓莉
责任校对 /	刘亚男
责任印制 /	施胜娟

图书出现印装质量问题,请拨打售后服务热线,本社负责调换

前　言

为进一步深化《国家职业教育改革实施方案》《职业教育提质培优行动计划（2020—2023年）》《职业院校教材管理办法》等文件要求，全面落实立德树人根本任务，充分发挥教材建设在职业教育人才培养中的重要作用，"电子商务基础"课程组在长期的课程改革和实践积累的基础上，紧紧围绕互联网经济快速发展对于技术技能人才的需求，以促进学生的可持续发展为出发点，紧扣电子商务岗位技术技能需求，对行业龙头企业开展调研，总结归纳核心能力，通过能力指标逐级分解提炼专业技术技能点，以技术逻辑和业务流程组建模块，形成模块化课程。以模块化课程建设为主线，系统贯穿结构化团队打造、活页式教材开发和项目化教学实施，对标新技术、新模式、新商业发展，坚持专业教育与素质培养相结合、技术积累与技能掌握相结合、显性教育与隐性教育相结合，德智体美劳五育并举，开发了集标准与需求相融、思政与专业相融、生产与教学相融的"双元化"《电子商务基础》活页式教材。

标准与需求相融：《电子商务基础》教材开发全面落实国家专业教育教学标准，对标"网店运行推广职业技能等级证书""电子商务数据分析职业技能等级证书"的职业技能等级中级标准，参考行业龙头企业岗位技能标准，将新媒体营销等岗位新技术、新规范引入课程，结合学情分析，充分考虑学生需求，尊重教学规律，将行业标准转化为教学标准，以标准强化学生的科学化、规范化和精细化。

素质教育与专业教育相融：《电子商务基础》教材开发立足学生德智体美劳全面发展，将劳动素养、职业素质、工匠精神和人文精神等要素有效融入教材，深入贯彻党的二十大精神，将党的理论、矢志爱国奋斗，锐意开拓进取等精神有机融入教材。聚焦教材技术技能点，从时间、空间和逻辑三个维度有效挖掘素质教育要素，并与课程内容、教学组织、考核评价等要素相互融合，实现专业教学和德育培养互相支撑、协同共进的育人效果。

生产与教学相融：《电子商务基础》教材开发充分把握职业教育作为类型教育的特征，以企业典型岗位作业规范和标准优化教材内容，以企业实际业务流程整合序化内容组织和教材体例，以学生学情和需求分析设计选取教学方法和评价手段，以学生学习的视角统筹开发配套资源，充分强化企业要素融入，校企"双元"合作开发，形成"一体化学材资源包"，体现教材的职业性特征。

《电子商务基础》教材源于我校多年的教育教学和课程改革实践，反映了职业教育教学改革的阶段性成果。教材编写过程中倾注了编者大量的心血，也融入了对职业教育课程改革的见解和心得体会，同时，借鉴学习了诸多专家学者的宝贵经验，最后经过校内实践应用，不断完善，几易其稿，最终形成现有教材。教材编者包括天津职业大学杨国良、庞学媛、刘琪、白晨星、唐园园、段晶晶、赵学丽。其中，杨国良负责教材的整体规划设计和项目一的编写，以及教材中表格、工单等资源的设计，唐园园编写项目二，段晶晶编写项目三，白晨星编写项目四，庞学媛编写项目五，刘琪编写项目六和项目七任务一、任务二、任务三，赵学丽编写项目七任务四，最后，由杨国良统一整理定稿。本教材为校企合作开发教材，京东集团、中教畅享（北京）科技有限公司、北京博导前程信息技术股份有限公司为教材开发提供了大量的行业案例和技术标准，在此，一并表示感谢。

当前，我国职业教育处于"固本强基、提质培优"下高速发展的"窗口期"，国家对于职业教育重视程度前所未有。本书以学生可持续发展为基点，紧扣时代脉搏，重德强技，以期在职业教育课程建设、"三教"改革、技术技能人才培养等方面做出积极有益的探索与实践。

编　者

2021 年 8 月

目 录

项目一　电子商务概述 1
　　学习目标 1
　　思维导图 1
　　任务1-1　认识电子商务 2
　　任务1-2　电子商务分类 7
　　任务1-3　掌握电子商务功能 13

项目二　电子商务规划 19
　　学习目标 19
　　思维导图 20
　　任务2-1　认识客户需求 20
　　任务2-2　如何获取客户需求 27
　　任务2-3　电子商务架构 37

项目三　电子商务运营 45
　　学习目标 45
　　思维导图 46
　　任务3-1　B2B网站运营 46
　　任务3-2　B2C网站运营 57
　　任务3-3　C2C网站运营 69

项目四　网站管理与营销 80
　　学习目标 80
　　思维导图 81
　　任务4-1　网站策划与实施 82
　　任务4-2　网站设置 91
　　任务4-3　网络营销 103

项目五　跨境电子商务 ... 119

　　学习目标 ... 119
　　思维导图 ... 120
　任务 5-1　跨境电子商务整体设计 ... 120
　任务 5-2　跨境电子商务模式 ... 126
　任务 5-3　跨境电子商务经营 ... 134

项目六　配送支付 ... 155

　　学习目标 ... 155
　　思维导图 ... 156
　任务 6-1　物流概述 ... 157
　任务 6-2　仓储管理 ... 164
　任务 6-3　配送管理 ... 171
　任务 6-4　网络支付 ... 177

项目七　电子商务安全管理 ... 187

　　学习目标 ... 187
　　思维导图 ... 188
　任务 7-1　交易信息保密性的实现 ... 188
　任务 7-2　交易信息的认证性 ... 195
　任务 7-3　交易信息的完整性和不可否认性 ... 205
　任务 7-4　交易信息的合法性 ... 214

参考文献 ... 222

项目一

电子商务概述

 学习目标

知识目标
- 了解电子商务的发展历程，电子商务的构成、分类和区别
- 熟悉电子商务的基本服务功能和作用
- 掌握电子商务的含义

能力目标
- 能够分析归纳电子商务发展趋势
- 能够根据外部需求和企业自身情况，选择合适的商业模式
- 能够熟练掌握电子商务核心业务功能和流程

素养目标
- 培养时刻关注市场变化、把握时代脉搏、遵守市场规则、从自己做起的意识
- 洞悉我国电子商务领域的新发展和模式
- 树立艰苦奋斗、刻苦钻研、创新发展的信念和理念

 思维导图

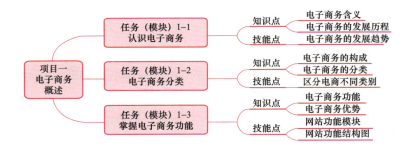

任务1-1　认识电子商务

 知识储备

一、电子商务含义

电子商务（简称"电商"）是现代商业活动的不断升级和信息技术飞速发展的共同产物，是以计算机技术、网络技术、通信技术等现代数字信息技术为手段，以商品交易为中心，实现商业活动的数字化、电子化和网络化。电子商务业务主要包括电子货币交换、供应链管理、电子交易市场、网络营销、在线事务处理、电子数据交换（EDI）、存货管理和自动数据收集等。在全球各地的商业贸易活动中，在具备开放性、对等性和共享性的互联网环境下，电子商务是指买卖双方基于客户端/服务端应用方式，在异地通过线上方式进行各种商贸活动，实现消费者的网上购物、商户之间的网上交易和在线电子支付，以及各种商务活动、交易活动、金融活动和综合服务活动。

不同组织对电子商务有不同的定义。

（1）国际标准化组织（International Organization for Standardization，ISO）：电子商务是企业之间、企业与消费者之间信息内容与需求交换的一种通用术语。

（2）全球信息基础设施委员会：电子商务是运用电子通信作为手段的经济活动，通过这种方式，人们可以对带有经济价值的产品和服务进行宣传、购买和结算。

（3）联合国国际贸易法委员会：电子商务是采用EDI和其他通信方式增进国际贸易职能的一种商务模式。

（4）欧洲委员会：电子商务就是以电子方式进行商务交易。

（5）国际商会：从业务上讲，电子商务是指实现整个贸易活动的电子化，交易各方以电子交易方式进行的各种形式的商业交易；从技术上讲，电子商务是一种多技术的集合体，包括：交换数据，如EDI、电子邮件；获得数据，如共享数据库、电子公告板；自动捕获数据，如条形码等。

总之，电子商务是"现代信息技术"和"商务"的集合，是一种采用先进信息技术的商品交易方式，并由此造就了一个虚拟的市场交换场所。电子商务更多的是一种商业理念，即应用现代信息技术促进传统产业的转型升级和增效增值。

二、电子商务的发展历程

电子商务是伴随着商业活动的不断转型和信息技术的高速发展而逐渐发展并持续完善的，共分为四个阶段。

（1）第一阶段：数据通信阶段。这个阶段从20世纪70年代开始，主要业务是基于专有网络的数据通信和信息传递。

（2）第二阶段：信息发布阶段。从 1995 年起，以 Web 技术为代表的信息发布类网站迅速增长，成为 Internet 的主要应用。该阶段的电子商务应用主要为企业通过互联网发布企业宣传、产品、服务等相关信息，并进行市场宣传和推广。

（3）第三阶段：EC（Electronic Commerce），即电子商务阶段。进入 21 世纪以来，互联网技术在商业领域的应用逐渐深入，诸多企业开始利用现代信息技术重组自身业务流程，在调研、设计、采购、生产、销售、客服等各环节应用新技术进行优化，实现全程电子商务的整体增值。

（4）第四阶段：智能阶段。2011 年以来，随着云计算、大数据、物联网、人工智能、移动互联网的快速发展和日趋成熟，电子商务开始向智慧化、智能化方向发展，商家以现代通信技术为手段，通过主动、互动、用户关怀等多角度与用户进行深层次沟通，通过大数据技术对客户消费行为、轨迹和偏好进行分析，进而不断丰富自身功能和服务，为客户提供更多价值。

我国是电子商务应用大国，在互联网规模、应用、创新等领域发展迅猛。中国互联网络信息中心（CNNIC）发布的第 47 次《中国互联网络发展状况统计报告》显示，截至 2020 年 12 月，我国网民规模达 9.89 亿，较 2020 年 3 月增长 8 540 万，互联网普及率达 70.4%。网络购物用户规模达 782 亿，较 2020 年 3 月增长 7 215 万，占网民整体的 79.1%。手机网络购物用户规模达 7.81 亿，较 2020 年 3 月增长 7 309 万，占手机网民的 79.2%。网络视频的用户规模达 9.27 亿，较 2020 年 3 月增长 7 633 万，占网民整体的 93.7%。网络直播的用户规模达 6.17 亿，较 2020 年 3 月增长 5 703 万，占网民整体的 62.4%。其中，电商直播的用户规模为 3.88 亿，较 2020 年 3 月增长 1.23 亿，占网民整体的 39.2%；游戏直播的用户规模为 1.91 亿，较 2020 年 3 月减少 6 835 万，占网民整体的 19.3%；真人秀直播的用户规模为 2.39 亿，2020 年 3 月增长 3 168 万，占网民整体的 24.2%；演唱会直播的用户规模为 1.90 亿，较 2020 年 3 月增长 3 977 万，占网民整体的 19.2%；体育直播的用户规模为 1.38 亿，较 2020 年 3 月减少 7 488 万，占网民整体的 13.9%。网络经济的快速增长，不仅支撑了整个国民经济的平稳发展，而且促进了经济转型升级和提质培优，在数字基建、数字经济、数字惠民和数字治理等方面取得了显著进展，成为我国应对新挑战、建设新经济的重要力量。

2020 年电商发展

三、电子商务的发展趋势

电子商务作为一种新业态，必然会伴随着市场经济的发展和人们生活水平的提高，以及现代信息技术的快速升级而不断发展。未来电子商务发展将呈现如下趋势：

（一）智能化

随着人工智能技术的快速发展，未来商业活动必然会与人工智能深度融合，电商网站规模不断增大与消费者需求日益个性化之间的矛盾和不均衡有望得到解决。"智能化虚拟导购"在网站中可以依托云计算等技术，对网站中的大量商业信息与数据进行智能化仓储、分类、分析和挖掘处理，总结规律和经验，从而实现为消费者提供更加人性化、个性化的服务。各种数据信息会被更加智能化地收集和整理，以便被用户所利用。智能化数据分析可帮助商业客户从简单数据处理提升到智能数据库分析，为企业提供更有价值的决策参考，从而使得电商不断向纵深方向发展。

（二）延展化

随着电商规模不断提升，在传统网络交易的基础上，电子商务必然会自发地向产业链的上下游，以及行业运作的各环节领域扩展和延伸。在企业内部，电商元素将渗透到企业管理、进销存管理等内部业务流程；在外部，电商的发展将激活和带动一系列上下游产业（如结算、包装、物流配送、认证、基于位置服务等）领域的发展。此外电商还将引导周边相关产业的创新与升级，如利用智能化远程水电煤表进行远程自动查表与收费。而这些创新反过来又将促使电商模式不断升级拓展，最终实现电子商务业务不断升级。

（三）标准化

要使电子商务健康和规范地发展，标准化是必然需求。社会各方对电子商务标准化的需求随着电子商务的不断发展而增加，需建立以市场驱动为主要动力的发展模式，逐步从技术驱动向市场驱动方向发展。电子商务是综合性的新型商务活动，涉及面相当广泛，包括信息技术、金融、法律、市场等多个领域，相关标准跨行业、跨学科，广义上的电子商务标准体系十分庞杂，几乎涵盖了现代信息技术的全部标准范围，以及尚待进一步规范的网络环境下的交易规则，安全、认证、支付和接口等标准是亟待制定和完善的内容。标准的建立应适应全球化趋势，依靠国际合作，形成国际通用的标准规则。

（四）专业性

伴随着电子商务在横向和纵向领域的不断发展，越来越多的企业开始聚焦某一领域提供专业性服务，在诸多中间环节，如网站与物流之间、网站与广告推广之间、网站与银行支付系统之间，都将出现专业化的分工机构来提升整体行业链条的效率、降低系统成本，商业企业也会精准对接某一利基市场，提供有针对性的服务，满足客户的个性化需求。在细分市场，将在功能和应用方面会不断进行创新。

（五）普适化

未来电子商务会进一步缓解传统商业活动在不同地区的不均衡，特别是在全国各地城镇化建设进程中，广阔的城镇和农村地区将成为巨大市场。同时，电商会进一步向人们的工作、学习、生活、娱乐、社交等各个领域渗透，例如远程教育、远程医疗会诊、协同开发、智能家居等将不断普及，越来越多的人将参与到越来越多的电商服务中。未来，电子商务必将形成规模庞大的经济体，并通过与实体经济的结合，给社会经济发展注入动力，呈现出普适化、常态化趋势。

项目一　电子商务概述

任务实践

一、任务目标

掌握电子商务的定义，了解电子商务的发展历程，能够分析归纳电子商务发展的基本趋势。

二、任务实施

步骤1：登录中国互联网信息中心（http://www.cnnic.net.cn）。首页如图1-1所示。

图1-1　中国互联网信息中心首页

步骤2：就某一主题，下载不同时间周期的报告，进行动态比较，如图1-2所示。

图1-2　互联网研究页面

步骤3：通过比较分析，撰写互联网发展分析报告。

三、任务总结

在本次实践任务中，需要注意的是电子商务的发展历程。通过学习，总结整理实施过程中遇到的问题，讨论、整理出解决方案并完成下面的知识及技能总结表格（见表1-1）。

表1-1 知识及技能总结

班级：		姓名：	学号：	完成时间：
任务名称：		组长签字：	教师签字：	
类别		索引	学生总结	教师点评
知识点		电子商务的含义		
		电子商务的发展历程		
技能点		分析归纳电子商务发展趋势		
操作总结		操作流程		
		注意事项		
反思				

任务 1-2　电子商务分类

知识储备

一、电子商务的构成

信息流、资金流、物流和商流是电子商务活动的重要构成。

物流的视频

（一）信息流

信息流是指电子商务交易各主体之间信息的传递过程，是电子商务的核心要素，既包括商品信息、技术支持信息、企业资质信息等的传递过程，也包括询价单、报价单、付款通知单等商业贸易证信息的传递过程。信息流是双向的，在企业中，信息流分为两种：一种是纵向信息流，发生在企业内部，属于在产品和服务链上的延伸；另一种是横向信息流，发生在企业与其上下游的相关企业、政府管理机构以及与合作伙伴、竞争对手之间。

（二）资金流

资金流是指资金的转移过程。电子商务中常用的网上支付工具有银行卡网上支付、电子现金、电子支票、电子钱包等。这些支付工具主要通过网上银行支付平台及第三方支付平台实现支付转账操作。

（三）物流

物流是因人们的商品交易行为而形成的物质实体的物理性移动过程，它由一系列具有时间和空间效用的经济活动组成，包括包装、装卸、存储、运输、配送等多项基本活动。电子商务中物流主要运作模式为第三方物流。所谓第三方物流，是指在商品的流通过程中，由商品交易的供应和需求方之外的第三方以合同形式对企业提供一定期限内物流服务的一种物流运作方式。

（四）商流

商流是指商品在交易过程中发生的有关商品所有权的转移活动，即商品交易的一系列活动，包括交易前的宣传、贸易双方选择及谈判磋商、合同签订、发货、售后服务等，通常涉及商检、税务、海关、运输等行业。信息流、资金流、物流的最终目的都是要成功实现商品所有权的转移，即实现商流。

电子商务的核心是商务活动，因此它具有作为商务交易活动的一般属性，任何一笔交易，都包括信息流、资金流、物流和商流四个基本要素。

二、电子商务的分类

电子商务按照不同的分类标准，可以划分为不同的类型。按照商业活动是否可以完全通过互联网实现，电子商务可以分为完全电子商务和非完全电子商务；按照商务活动的产品载体不同，电子商务可以分为间接电子商务（有形货物的电子订货和付款，仍然需要利用传统渠道，如邮政服务和商业快递车送货）和直接电子商务（无形货物和服务，如某些计算机软件、娱乐产品的联机订购、付款和交付，或者是全球规模的信息服务）；按照开展电子交易的范围不同，电子商务可以分为区域化电子商务、国内电子商务、全球电子商务；按照使用网络的类型不同，电子商务可以分为基于专门增值网络（EDI）的电子商务、基于 Intranet 的电子商务、基于互联网的电子商务；按照交易对象的不同，电子商务可以分为企业对企业的电子商务（B2B）、企业对消费者的电子商务（B2C）、企业对政府的电子商务（B2G）、消费者对政府的电子商务（C2G）、消费者对消费者的电子商务（C2C）、企业、消费者、代理商三者相互转化的电子商务（ABC），以及线上线下相结合的商业模式（O2O）。

（一）B2B（Business to Business）

商家（泛指企业）对商家的电子商务，即企业与企业之间通过互联网进行产品、服务及信息的交换，多指商品采购、批发和业务处理。电子商务交易的供需双方使用 Internet 的技术或各种商务网络平台，完成商务交易的过程。这些过程包括：发布供求信息，订货及确认订货，支付过程及票据的签发、传送和接收，确定配送方案并监控配送过程等，如阿里巴巴网、中国五金网。

B2B 流程：

第一步，商业客户向销售商订货，首先要发出"用户订单"，该订单应包括产品名称、数量等一系列有关产品问题。

第二步，销售商收到"用户订单"后，根据"用户订单"的要求向供货商查询产品情况，发出"订单查询"。

第三步，供货商在收到并审核完"订单查询"后，给销售商进行"订单查询"回答，主要是有无货物等情况。

第四步，销售商在确认供货商能够满足商业客户"用户订单"要求的情况下，向运输商发出有关货物运输情况的"运输查询"。

第五步，运输商在收到"运输查询"后，给销售商进行"运输查询"的回答，如有无能力完成运输，以及有关运输的日期、线路、方式等要求。

第六步，在确认运输无问题后，销售商即刻给商业客户的"用户订单"一个满意的回答，同时要给供货商发出"发货通知"，并通知运输商运输。

第七步，运输商接收到"运输通知"后开始发货。接着商业客户向支付网关发出"付款通知"。

第八步，支付网关向销售商发出交易成功的"转账通知"。

（二）B2C（Business to Customer）

B2C 模式是我国最早产生的电子商务模式，即消费者通过线上的方式完成商务和服务的咨询、购买、使用和订单处理等。比较典型的 B2C 电子商务网站有京东商城、哈妹网、当当、天猫、1 号店、亚马逊、苏宁易购、国美在线、唯品会等。

B2C 流程：

第一步，发布商品信息，发布和管理网络广告。

第二步，检查客户的注册信息，提供电子目录，帮助用户搜索、发现需要的商品。

第三步，进行同类产品比较，帮助用户做好购买决策，进行商品的评价、加入购物车、下订单、撤销和修改订单操作。

第三步，能够通过网络付款；对订单的状态进行跟踪，完成客户选购产品的结算，处理客户付款。

第四步，商品库存管理和物流配送系统管理，跟踪产品销售情况，提供售后服务。

（三）B2G（Business to Government）

B2G 模式即企业与政府之间通过网络进行的交易和商务活动的运作模式，比如电子通关、电子报税等，比较典型的就是各类各级网上政务办理大厅。B2G 模式大大提高了政府的相关工作效率，节省了企业与政府的时间，在一定程度上方便了政府和企业的工作人员，使得业务办理效率有了很大的提高。

（四）C2G（Consumer to Government）

C2G 是消费者与行政机构间的电子商务，指的是政府与个人的业务活动。如政府的税务机构通过指定私营税务或财务会计事务所用电子方式来为个人征税和报税，以及通过网络办理身份证、护照、社会福利领取等个人业务。随着技术发展，政府将会对个人实施更为全面的电子方式服务，方便个人业务的办理。

（五）C2C（Consumer to Consumer）

C2C 模式是用户对用户的模式，C2C 商务平台就是通过为买卖双方提供一个在线交易平台，使卖方可以主动提供商品上网拍卖，而买方可以自行选择商品进行竞价，如淘宝网。

C2C 的交易流程按照卖家发布商品的方式不同，可分为一口价交易流程和拍卖交易流程两种类型。

1. 一口价交易流程

第一步，卖家用一口价的方式发布多个商品并上架。

第二步，买家进入系统后，搜索自己所需的商品并浏览该商品，选择一口价的商品后立刻购买，然后通过支付平台付款，但在付款时需注意该支付平台账户必须有足够的资金。

第三步，卖家在买家下订单后发货。卖家找到买家购买商品的订单，选择合适的物流公司进行发货。卖家既可以选择网站推荐的物流公司，也可以自己联系物流公司，还可以不需要物流公司来发货。

第四步，买家确认收货。买家输入支付平台支付密码，确认收货，这样一口价交易就完成了。

第五步，交易完成后，卖家和买家双方互相评分。

2. 拍卖交易流程

第一步，卖家以拍卖方式发布多个商品并上架。

第二步，买家查看拍卖的商品。拍卖分为单拍和多拍。所谓单拍，是指多人竞拍一个商品，最后谁出价高，谁将获得商品。所谓多拍，即荷兰式拍卖，价格从一个最高的价格开始慢慢往下降。降到某个价格的时候，就会有人抢拍，那么拍卖品就会给第一个抢拍的人拿到。那么买方将会面临一个交换，价格越低，拍下这件商品赚的钱就越多，但是相对地被别人拍走的概率就会越大。

第三步，买家出价。

第四步，经过多轮竞阶，最终由某买家成功购买。

第五步，买家付款。
第六步，卖家发货。
第七步，买家确认收货。

（六）ABC（Agents to Business to Consumer）

ABC 模式是新型电子商务模式的一种，被誉为继阿里巴巴 B2B 模式、京东商城 B2C 模式、淘宝 C2C 模式之后电子商务界的第四大模式，是由代理商（Agents）、商家（Business）和消费者（Consumer）共同搭建的集生产、经营、消费为一体的电子商务平台。三者之间可以转化。大家相互服务、相互支持，你中有我、我中有你，真正形成一个利益共同体。

（七）O2O（Online to Offline）

O2O 是近年来新兴起的一种电子商务新商业模式，即将线下商务的机会与互联网结合在一起，让互联网成为线下交易的前台。在 O2O 平台商业模式中，整个消费过程由线上和线下两部分构成。线上平台为消费者提供消费指南、优惠信息、便利服务（预订、在线支付、地图等）和分享平台，而线下商户则专注于提供服务。在 O2O 模式中，消费者的消费流程可以分解为五个阶段：引流、转化、消费、反馈和存留。该模式最重要的特点是推广效果可查，每笔交易可跟踪。以美乐乐的 O2O 模式为例，其通过搜索引擎和社交平台建立海量网站入口，将在网络上的一批家居网购消费者吸引到美乐乐家居网，进而引流到当地的美乐乐体验馆。线下体验馆则承担产品展示与体验以及部分售后服务功能。O2O 模式不断发展，后期会形成线上和线下互相引流、转化和促进的新商业形态。

O2O 视频

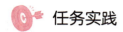 任务实践

一、任务目标

理解电子商务的构成、分类和区别,能够根据外部需求和企业自身情况,选择合适的商业模式。

二、任务实施

步骤1:登录淘宝网,如图1-3所示,根据电子商务构成要素,在网站中分别找出对应的要素内容。

图1-3 淘宝网首页

步骤2:根据电商分类,找出按照间接电子商务和直接电子商务分类的网站实例;找出基于专门增值网络(EDI)的电子商务、基于Intranet的电子商务和基于互联网的电子商务分类的网站实例;找出按照B2B、B2C、B2G、C2G、C2C、ABC、O2O商业模式分类的网站实例。

步骤3:分别就三种分类比较各自包括的商业模式的区别。

三、任务总结

在本次实践任务中,需要注意的是电子商务的不同类型。通过学习,总结整理实施过程中遇到的问题,讨论、整理出解决方案并完成下面的知识及技能总结表格(见表1-2)。

表1-2 知识及技能总结

班级：		姓名：		学号：		完成时间：	
任务名称：			组长签字：		教师签字：		
类别		索引		学生总结		教师点评	
知识点		电子商务构成要素					
		电子商务分类					
技能点		比较不同电商类型的区别					
操作总结		操作流程					
		注意事项					
反思							

任务 1-3 掌握电子商务功能

 知识储备

一、电子商务功能

电子商务对于企业优化业务流程、提高销售效率、满足顾客差异化需求有着显著的作用，其具体功能包括优化等各项功能。

（一）宣传推广

企业利用线上平台进行产品和服务的宣传推广，是电子商务的基本功能。企业通过 Web 服务器，在 Internet 上发布各类商业信息。客户可通过 PC 端和移动端，借助网上的检索工具迅速找到所需商品信息。商家还可利用网上主页、电子邮件以及各种新媒体营销工具和手段在全球范围内进行信息推送和广告宣传，实现客户开发和市场拓展的商业目标。

（二）咨询洽谈

企业利用非实时的电子邮件、新闻组和实时的讨论组、即时通信工具与客户进行双向沟通交流，以便了解市场需求和商品信息、洽谈交易事务。网上的咨询和洽谈能超越人们面对面洽谈的限制，提供多种方便的异地交谈形式，提高沟通效率。通过咨询洽谈，能进一步了解和挖掘客户的需求，拉近客商距离，提高顾客忠诚度。

（三）网上订购

网上订购是一款涵盖行业资讯、展会信息、供应信息、求购信息、产品库、企业库的综合资讯类应用。用户可通过应用获取最新的资讯、最有效的信息，同时应用也为企业提供全新的商机。客户可以通过 Web 中的邮件和直接订购系统实现网上订购。网上订购应注重用户体验，提高用户的购买效率，降低购买成本。

（四）线上支付

线上支付是指卖方与买方通过 Internet 上的电子商务网站进行交易时，银行为其提供网上资金往来结算服务的一种业务。电子商务要成为一个完整的过程，网上支付是重要环节。线上支付系统为企业和个人提供了一个安全、快捷、方便的电子商务应用环境和网上资金结算工具。在线支付不仅帮助企业实现了销售款项的快速归集，缩短了收款周期，同时也为个人网上银行客户提供了网上消费支付结算方式，使客户真正做到足不出户，网上购物。线上支付要注重安全性，保证支付信息传输安全，以防止欺骗、窃听、冒用等非法行为。

（五）交易管理

交易管理是交易的重要内容，核心是订单管理。订单交易的目的，是品牌能让客户自由选择，货源安排做到公开透明，产品能更加适应和满足消费者的需要。其业务流程的变化首先体现在企业客户经理的工作上。客户经理对辖区内客户需求预测和具体订单是否准确，不但关系到工业企业和零售客户对公司的满意度，更关系到按客户订单组织货源这项

工作能否得以顺利开展。

（六）客户服务

客户服务是一种以网站为媒介，向互联网访客与网站内部员工提供即时沟通的功能模块。客户服务使企业的市场运营能形成一个封闭的回路，客户的反馈意见不仅能提高售后服务的水平，更能使企业获得改进产品、发现市场的商业机会。随着互联网不断发展和新技术的推陈出新，客户客服系统也迎来了技术上更新，特别是大数据、人工智能的发展，将使客服服务和关系管理更加智慧和高效。

（七）生产管理

生产管理是企业高效运转的关键，直接影响到企业的生存与发展。进销存是企业生产管理的核心要素，利用网络通信技术，对企业生产经营中物料流、资金流进行条码全程跟踪管理，从接获订单合同开始，进入物料采购、入库、领用到产品完工入库、交货、回收货款、支付原材料款等，每一步都能生成和提供详尽准确的数据。通过数据分析，能有效辅助企业解决业务管理、分销管理、存货管理、营销计划的执行和监控、统计信息的收集等方面的问题。

（八）业务流程优化

利用现代信息技术，对企业传统的业务链进行整合，优化业务流程，实现企业整体的增值，是产业转型升级和技术更新升级背景下企业实现创新发展、高效发展的必由之路。业务流程是一系列创造价值的相互关联活动的过程，在传统以职能为中心的管理模式下，流程隐蔽在臃肿的组织结构背后，流程运作复杂、效率低下、顾客抱怨等问题层出不穷。整个组织形成了所谓的"圆桶效应"。为了解决企业面对新的环境、在传统以职能为中心的管理模式下产生的问题，必须依托现代信息技术，对业务流程进行重整，从本质上反思业务流程，彻底重新设计业务流程，以便在当今衡量绩效的关键（如质量、成本、速度、服务）上取得突破性的改变。

二、电子商务优势

电子商务极大提高了传统商务活动的效益和效率。Internet 上的电子商务与传统商务体系相比有其自身的独特优点，这些优点包括以下五个方面。

消费者防"掉坑"视频

（一）时间空间优势

传统商务活动存在着时间和空间上的矛盾，影响了交易的高效完成。电子商务的销售渠道随网络体系的延伸而延伸，没有地理障碍。交易时间全天 24 小时没有限制，由消费者即网上用户自己决定。这种全新的时空优势在更大程度上、更大范围内满足了网上用户的消费需求。

（二）视觉展现优势

传统企业的经营推广活动必须有一定物质条件和物理环境才能开展。电子商务通过建设虚拟网站，摆脱了实物基础设施的限制。电子商务还可以利用现代媒体技术，全方位展示产品及服务功能的内部结构，从而有助于消费者深入了解商品或服务。

（三）库存成本优势

以信息技术为基础的电子商务可以改变企业决策中的信息不确切和不及时的问题，通过 Internet 将市场需求信息传递给企业决策生产，同时企业的需求信息可以马上传递给供应商，使其适时补充供给，从而实现零库存管理。同时，通过网络营销活动，企业可以提高营销效率和降低促销费用。

（四）信息沟通优势

由于 Internet 的实时交互式沟通不受外界因素干扰，消费者更容易表达自己对产品或服务的评价，这种评价使网上的零售商可以更深入地了解用户的内在需求。高效的即时交互式沟通还能进一步缩短企业与客户之间的距离，提高销售效率。

（五）交易费用优势

电子商务重新定义了传统的流通模式，减少了中间环节，使得生产者和消费者的直接交易成为可能，从而在一定程度上改变了整个社会经济运行的方式。电子商务提供企业虚拟的全球性贸易环境，大大提高了商务活动的水平和服务质量。

三、网站功能结构图

（一）电子商务网站的功能

1. 实现的企业内部功能

（1）整合企业内部资源。企业内部信息化管理是企业电子商务发展的重要基础，没有企业内部的电子商务化过程，企业电子商务网站所发挥的功能是有限的。随着 Internet 的发展，企业内部信息系统开始在 Internet 上应用，标准的一致性使企业原有内部资源与企业电子商务网站实现了无缝连接，避免了技术孤岛的出现。所以，企业电子商务网站的成功运作是以企业内部信息化管理为前提的，企业电子商务网站必须有整合企业内部资源的功能。

（2）用户访问企业内部网络的接口。电子商务网站起着承上启下的作用，用户可以通过网站了解企业内部信息，并与企业进行交易，同时也可以将市场需求信息传送到企业内部管理信息系统。

2. 实现的企业外部功能

（1）宣传企业形象。企业在开展电子商务的初级阶段，都会把宣传企业形象作为企业电子商务网站构建的初衷。Internet 所提供的技术使企业非常容易将自己的企业文化展示给自己的客户，这种跨越时空的优势也是传统宣传方式不可比拟的，企业获得了一个低成本的企业宣传渠道。

（2）展示企业产品和服务。企业在进行形象宣传的同时，会对自己的产品与服务进行全面的网络宣传。企业借助电子商务的多种技术，可以从图、文、声、像等不同的角度对产品进行全方位的宣传。网上产品营销已经成为企业继传统营销方式后的又一大营销手段。

（3）在线商品与服务订购。电子商务给人们提供了一个非常直观和方便的功能，就是网上购物。作为一种新的消费观念，网上购物已经在发达国家及我国的大部分地区得到了很好的发展，人们已经接受了这种足不出户的购物方式，网上购物已经成为一种常态化的购物形式。近几年，随着电子商务的发展，与电子商务相配套的技术得到了完善，银行电子化的发展及物流技术的普及，都使网上购物成为企业电子商务网站构建的一种必然选择。

（4）在线支付。企业利用电子商务从事商品与服务的销售，如果顾客不能利用网络实现即时支付，那么，这样的电子商务就是一个不完整的网络交易过程。伴随着银行电子化的发展，现在国内已有越来越多的银行可以提供用于网上支付的各种金融工具，并采用了更加可靠的信息安全技术，使网上支付的安全性得到了基本保障。

（5）信息搜索与查询。随着企业电子商务业务的不断拓展，网上信息量越来越大，如何使用户更加方便快捷地搜索到自己想要的信息，就显得十分重要，否则会使用户失去信心，从而使企业失去商业机会。

（6）客户信息管理。电子商务网站是企业开展产品与营销的重要平台，而客户管理又成为企业电子商务网站中不可替代的部分。客户关系管理已经成为企业网络化管理的重要组成部分。在市场竞争日益激烈的今天，如何准确地获得和处理客户的信息，是企业电子商务策略不可或缺的部分。

（7）新闻发布及供求信息发布。信息发布是电子商务网站 Web 技术可以实现的最简单的功能。但作为企业，这项功能却可以使企业利用 Internet 的优势，24 小时不断地向外发布自己的企业信息与产品信息，从而为客户提供了一个全面认识企业与企业产品的机会。新闻发布包括企业新闻的动态更新、新闻类别检索、热点分析，供求信息包括行业信息、企业信息及产品的供求信息等。

（二）电子商务网站的基本类型

按照企业建立电子商务网站的目的和要实现的功能来划分有以下几类：

（1）宣传型电子商务网站。企业建立宣传型电子商务网站的目的是宣传企业、产品与服务，从而提升企业形象，扩大产品的市场知名度和占有率。企业将传统的 CI 策划转移到 Internet 上，起到了传统方式无法起到的作用。这种类型的网站适合于刚刚进入电子商务领域的企业。

（2）服务型电子商务网站。这种类型的电子商务网站实现了企业在线为客户提供服务的功能。与传统服务方式相比，企业提高了服务效率，降低了服务成本。

（3）综合型网站。这种类型的电子商务网站除了宣传企业形象、产品及提供服务外，还可以实现在线销售和企业管理的功能，企业所有的业务都可以在 Internet 上完成，这是一种较高层次的网站。

（三）对应电子商务网站的基本类型的功能结构图

（1）宣传型电子商务网站功能结构如图 1-4 所示。

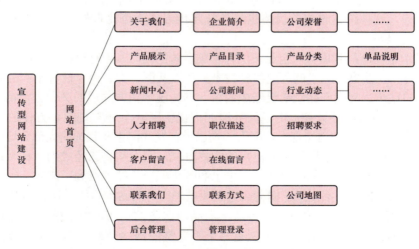

图 1-4　宣传型电子商务网站功能结构

（2）服务型电子商务网站功能结构如图1-5所示。

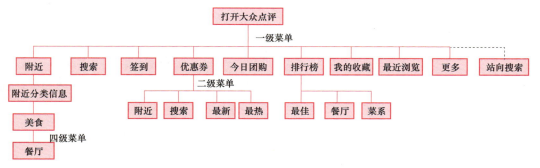

图1-5 服务型电子商务网站功能结构

（3）综合型网站功能结构如图1-6所示。

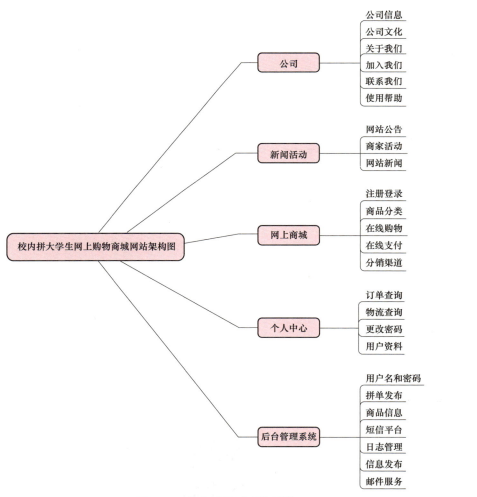

图1-6 综合型网站功能结构

任务实践

一、任务目标

理解电子商务的构成、分类和区别,能够根据外部需求和企业自身情况,选择合适的商业模式。

二、任务实施

步骤1:选取两个电子商务网站,绘制网站功能结构图。
步骤2:比较两个网站在功能上的区别和优劣势。
步骤3:制定民族手工艺品电子商务网站的功能结构框架图。

三、任务总结

在本次实践任务中,需要注意的是电子商务的网站功能。通过学习,总结整理实施过程中遇到的问题,讨论、整理出解决方案并完成下面的知识及技能总结表格(见表1-3)。

表1-3 知识及技能总结

班级:		姓名:		学号:		完成时间:	
任务名称:			组长签字:		教师签字:		
类别	索引			学生总结		教师点评	
知识点	电子商务功能						
	电子商务优势						
技能点	规划电子商务网站功能模块						
	分析并画出电子商务网站功能结构图						
操作总结	操作流程						
	注意事项						
反思							

素质教育

电子商务助力我国产业结构优化

电子商务规划

 学习目标

知识目标
- 了解什么是需求，掌握需求的定义、特征
- 熟悉电子商务的四个层级和两个支柱；熟悉电子商务的系统框架
- 掌握 B2B、B2C、C2C 等不同的交易类型
- 掌握马斯洛需求层次理论及应用
- 掌握市场细分的概念与作用及市场有效细分的条件

能力目标
- 能够利用马斯洛需求层次理论分析客户需求层次
- 能够具备分析细分市场的能力，能够将需求相近的客户分类到同一目标市场
- 能够针对不同的目标市场模式制订营销计划以满足顾客需求
- 能够举例分析不同 B2C 网站的经营模式
- 能够在网上开设和运营自己的店铺，并将拍卖等相关知识应用到淘宝店铺的运营中

素养目标
- 培养学生分析问题、解决问题和运用知识的能力
- 培养学生的合作精神、创新精神和自身可持续发展的能力
- 树立整体性思想和系统性思维，养成以客户为中心的商业理念，在实务中体现大国工匠精神

 思维导图

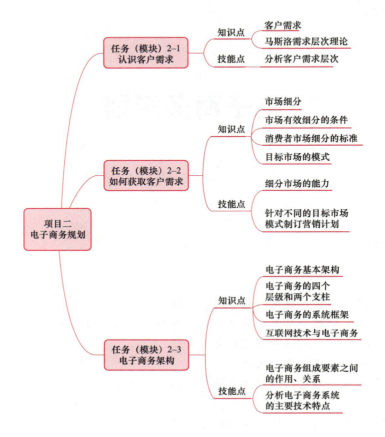

任务 2-1　认识客户需求

 知识储备

一、需求的定义

在对需求基本内涵的界定上，众多学者从不同方面、不同角度均进行过深入的分析，主要涉及心理学、社会学、经济学及哲学等领域。心理学认为需求是指有机体内部的不平衡状态，是个体和社会生活中所必需的事物在人脑中的反映，它往往以主观上的不满足感表示出其生存和发展对于客观条件的依赖性。社会学认为需求是作为一定主体为了避免客观性的伤害所必须"达到的可以普遍化的目标"，并进一步使人的客观

层次需求

"需求"与人的主观"想要"相区分。经济学认为需求是人们在欲望驱动下的一种有条件的、可行的,又是最优选择的,人们愿意并且能够支付的商品数量。哲学认为需求是人对物质生活资料和精神生活条件的内在的、自觉的指向。作为历史唯物主义的一个重要范畴,马克思主义则认为需求是人的本质,需要由社会实践产生,并随着实践活动的发展不断变化,这就是需求社会性和变动性。综上所述,本书认为需求是物质资料及精神思想未达到个体客观要求的一种内在的不满足感,进而引发某种动机和行为的产生。

二、需求的特征

(一)指向性

人的需求不是抽象的,而是具体的,总有自己特定的对象。需求什么及需求的程度,在个人心中有特定的指向,或是对某种物品的需求,或是对某种活动取得某种结果的需求,或是对某种精神的需求。有了这种需求的具体对象,才能转化为动机,成为驱使人活动的推动力量。人们总是力求通过自己的行动去获得某种需求的具体目标。

(二)紧张性

需求总是伴着心理上的紧张感。需求的紧张性与欲求的迫切性成正比关系。当人们有了某种需要,力求获得某种满足而尚未得到满足时,常常会有一种特殊的紧张感、不适感或心情苦恼的表现。

(三)可变性

需求不是固定不变的,也不会永远停留在原有需求的水平上,而是随着某些需求的满足,随着物质和文化生活水平的提高由低级向高级发展变化的一种动态结构。需求的可变性主要表现在横和纵两个方面。横的方面表现为在同一层次的需求种类的增多和减少,纵的方面表现为需求的水平、层次的提高或者降低。

(四)驱动性

需求一旦出现,就会使人提出活动的目的,考虑行动的方法,去获得所需要的东西。如果还有相应的能引起活动的客观事物存在时,需求就成为推动人去从事活动的源泉和动力。需求具有双重意义上的驱动作用,既可以使人向积极利好的方向发展,也可以使人向消极腐化的方向发展。

(五)周期性

需求的满足不是一劳永逸的,而是随着时间的推移和新陈代谢的作用,连续不断地周期性出现。吃饭、喝水、睡眠等物质需求的满足具有这种反复性、周期性。精神需求也是如此,如看电影、欣赏歌舞等文化生活上的需求也是不断周期性出现的。

(六)社会制约性

需求不仅是个体欲望的反映,同时也是社会要求的反映。它是由客观环境和社会生活条件所决定的。因此,需求具有制约性的特点。其制约性表现在两个方面:一方面,它受到周围的客观环境的制约。在这里客观环境指的是现实存在的自然和生产发展水平。另一方面,它受到主观因素的制约。在这里主观因素是指个人的生长环境、受教育程度、知识结构、认识水平和世界观等。需求具有制约性这一特点说明人的需求不是从天上掉下来的,也不是不可改变的,它产生发展都是有特定的主客观条件的。

三、马斯洛需求层次理论

亚伯拉罕·马斯洛（Abraham Maslow，1908—1970），美国著名心理学家、哲学家，人本主义心理学的主要创始人，被誉为"人本主义心理学之父"。他反对以弗洛伊德为代表的精神分析学仅以病态的人作为研究对象，把人看作本能的牺牲品。马斯洛把人的本性和价值提到心理学研究的首位，由此形成了心理学史上的"第三思潮"，猛烈地冲击着西方的心理学体系，正如《纽约时报》的评论里讲的，"第三思潮"是人类了解自身过程中的又一块里程碑。马斯洛的主要著作有《动机论》《动机与人格》《科学心理学》《人性能达到的境界》等。其主要理论有创造性理论、需求层次理论、自我实现理论等。其中，需求层次理论在马斯洛的整个心理学体系中占基础性的地位。

（一）需求层次理论

1943年亚伯拉罕·马斯洛在《心理学评论》上发表的《人类动机理论》一文中首次详细地阐述了需求层次理论，立刻引起了强烈反响。马斯洛需求层次理论认为，人的需求可以由低到高划分为五个层次，分别是生理需要、安全需求、社交需求（爱与归属的需求）、尊重需求和自我实现需求。如图2-1所示，马斯洛将这五种需求划分为两类，一类是基本需求，又称为缺乏性需求，包括生理需求、安全需求和社交需求；另一类是高级需求，又称为成长性需求，包括尊重需求和自我实现需求。

图2-1　需求层次示意图

1. 生理需求

对食物、水、空气和住房等的需求都是生理需求，这类需求的级别最低，人们在转向较高层次的需求之前，总是尽力满足这类需求。一个人在饥饿时不会对其他任何事物感兴趣，他的主要动力是得到食物。在人的一切需求中，生理需求是最基本的、最重要的需求。

2. 安全需求

安全需求包括对人身安全、生活稳定以及免遭痛苦、疾病威胁等的需求。马斯洛认为，人们喜欢一个安全的、有秩序的、可以预测的、有组织的世界，在那里不会发生意外、难以控制的和危险的事情。在现实生活中，人们购买人身保险、高档电器的财产保险、防火防盗装置、保健品以及各种运动防护用具等，都是出于对这种需求的满足。

3. 社交需求

社交需求包括对友谊、爱情以及隶属关系的需求。它主要指渴望在社会群体中得到周围人的认可、接纳、重视和良好的人际关系；渴望家庭中相亲相爱、和睦相处、相互关心的亲人关系；渴望与朋友之间相互理解、尊重、友好和互助的友谊关系。当生理需求和安全需求得到满足后，社交需求就会突出出来，进而产生激励作用。在马斯洛需求层次中，这一层次是与前两个层次截然不同的另一层次。

4. 尊重需求

尊重需求既包括对成就或自我价值的个人感觉，也包括他人对自己的认可与尊重。有尊重需求的人希望别人按照他们的实际形象来接受他们，并认为他们有能力，能胜任工作。他们关心的是成就、名声、地位和晋升机会。当他们得到这些时，不仅赢得了人们的尊重，同时其内心因对自己价值的满足而充满自信。不能满足这类需求，就会使他们感到沮丧。如果别人给予的荣誉不是根据其真才实学，而是徒有虚名，也会对他们的心理构成威胁。

5. 自我实现需求

自我实现需求的目标是自我实现或发挥潜能。达到自我实现境界的人，接受自己也接受他人，解决问题的能力增强，自觉性提高，善于独立处事，要求不受打扰地独处。这是人类特有的最高层次的需求。要满足这种尽量发挥自己才能的需求，他应该已在某个时刻部分地满足了其他的需求。自我实现的需求具体分为两类：一类是人对自我开发、自我成长、自我成功的需求；另一类是人对创造、事业、理想、信念、真理等的需求。

马斯洛并没有说较低层次需求完全满足之后，才会产生高一层次需求，而只是说人的各种需求存在高低顺序，或者说各种同时出现的需求中存在优势需求。就一般情况而言，只有在更低层次需求得到满足或部分得到满足后才会出现优势需求。人作为有欲望的动物，其行为受需求所驱使，但需求什么取决于已经拥有了什么，只有未被满足的需求才能影响人的行为。换句话说，已经满足的需求，不再是优势需求，已不再是行为的决定性力量。如果长时期没有得到满足，就会产生强大的行为驱力，驱使人们去行动以达到需求的满足。

（二）需求层次理论应用

需求层次理论在电子商务业务中的应用与演进可以总结为以下几点。

1. 生理需求向安全需求转变即消费多元化

长期以来市场经济的发展和变化都以企业的常态化经营和发展为主线，其中产品理念、企业文化、经济效益等核心内容也在市场经济的变化中更新换代、不断完善。电商企业对于消费者的购买需求和购买欲望的研究也在不断深化发展。对于消费者的消费需求未能建立深化的研究和整合，就会直接影响自身商品的销售和发展。随着经济建设的不断深化发展，电商企业在进行商品定位、设计、销售的过程中也需要强化对消费者消费需求的认识和感悟，转变自身传统的营销手段和营销模式，更重视消费者的需求和变化，为消费者提供更具广泛性，多元化的商品和服务种类。与此同时，能够给予消费者在消费过程中更加广泛的选择平台和空间，能够满足自身的消费需求和欲望。

2. 安全需求向社交需求转变即消费个性化

消费者个性化的消费特征必然导致网络消费需求呈现差异性。近年来我国的商品市场发生了极为深远的变化，国际化销售进程正在不断加快，自由贸易的发展区域扩大已经成为市场营销的定局。随着社会发展和环境变化的程度逐渐加深，企业更加重视自身的产品是否能够获得深远和精细的目标市场，企业怎样能够将商品的社会效应不断扩大。通过商品品牌的树立，能够营造良好的经营发展趋势并树立更为坚实的个性化品牌定位，获得消费者的信任和共鸣，满足消费者对个性化的需求。

3. 社交需求向尊重需求转变即消费便捷化

消费者进行互联网消费主要是受到当下快捷高效的生活模式的影响，互联网经济市场能够在短时间内向消费者提供具有针对性的商品，进而满足消费者自身的需求。网络的虚拟环境能够在消费者生活中的碎片时间填补消费需求和时间空白，给予消费者极强的心理尊重和乐趣。因此互联网消费能够在当下的经济市场上不断传承和发展，成为生活中的重要消费形式之一。

4. 尊重需求向自我需求转变即消费互动化

消费互动最明显的表现就是微信、社区团购或其他社交工具互动。多元化的客户需求难以被捕捉到，很多时候顾客自己可能都不是非常清楚自己需要的是什么产品或需要被提供哪些种类的服务。但是当社交群内的某个个体展示自己购买的商品或享受的服务并表达对产品的态度时，社交群内的其他个体潜意识里会对该类产品产生记忆，经过转化后最终实现购买，从而达到消费互动的效果。

任务实践

一、任务目标

（1）网络营销作为一种商业模式，需要系统地制订营销计划，需要精准地定位客户需求。

（2）了解客户的需求和自身实力。

（3）与有消费需求的网民进行沟通，从用户的消费心理和行为偏好分析需求。

二、任务实施

步骤 1：需求的定义。市场需求（Market Demand）指顾客在一定的地区、一定的时间、一定的市场营销环境和一定的市场营销计划下，对某种商品或服务产生购买愿意而且能够购买的数量。市场需求是消费者需求的总和。市场需求的构成要素有两个，一是消费者愿意购买，即有购买的欲望；二是消费者能够购买，即有支付能力。两者缺一不可。在对需求基本内涵的界定上，众多学者从不同方面、不同角度均进行过深入的分析，主要涉及心理学、社会学、经济学及哲学等领域。作为历史唯物主义的一个重要范畴，马克思主义则认为需求是人的本质，需求由社会实践产生，并随着实践活动的发展而不断变化，这就是需求社会性和变动性。

步骤 2：需求的特征。需求是物质资料及精神未达到个体客观要求的一种内在的不满足感，进而引发某种动机和行为的产生。

步骤 3：马斯洛需求层次理论。马斯洛需求层次理论认为人的需求可以由低到高划分为五个层次，分别是生理需要、安全需求、社交需求（爱与归属的需求）、尊重需求和自我实现需求。

步骤 4：需求层次理论的实际应用。生理需求向安全需求转变即消费多元化、安全需求向社交需求转变即消费个性化、社交需求向尊重需求转变即消费便捷化、尊重需求向自我需求转变即消费互动化。

三、任务总结

（1）完成全部调研数据的整理和归档。

（2）对实施过程中出现的问题进行整理，进行后期的讨论分析，并完成下面的知识及技能总结表格（见表 2-1）。

表 2-1 知识及技能总结

类别	索引	学生总结	教师点评
班级：	姓名：	学号：	完成时间：
任务名称：	组长签字：	教师签字：	
知识点	什么是需求		
	掌握需求的定义、特征		
	马斯洛需求层次理论		
技能点	用马斯洛需求层次理论分析客户需求层次		
操作总结	操作流程		
	注意事项		
反思			

任务 2-2　如何获取客户需求

知识储备

一、细分市场的概念与作用

细分市场

市场细分（Segmenting）是指营销者通过市场调研，依据消费者的需要和欲望、购买行为和购买习惯等方面的差异，把某一产品的市场整体划分为若干消费者群的市场分类过程。因此，分属于同一细分市场的消费者，他们的需要和欲望极为相似；分属于不同细分市场的消费者，对同一产品的需要和欲望存在明显的差别。比如服装市场通常可以按年龄细分为若干子市场。细分市场不是根据产品品种、产品系列来进行的，而是从消费者的角度进行划分的。消费者的需求、购买动机以及购买行为的差异，是市场细分的客观依据。市场细分对企业营销具有以下作用。

（一）有利于发现市场机会，开拓新市场

通过市场细分，企业可以对每一个细分市场的购买潜力、需求满足程度、竞争情况等进行分析对比，发现尚未满足的消费需求，找到有利于本企业的市场机会。例如，德国被认为是世界上经营啤酒水平最高的国家，但德国企业家仍感到经营中存在问题，他们按啤酒的风味，根据甜醇苦涩、清淡浓重二元要素，对欧洲啤酒市场展开细分，找到未被人们重视的、具有极大开发价值的清淡甜醇型啤酒新市场，满足了妇女和年轻人的需求。

（二）有利于选择目标市场

不进行市场细分，企业选择目标市场必定是盲目的，不认真鉴别各个细分市场的需求特点，就不能进行有针对性的市场营销。

（三）有利于制定市场营销组合策略

市场营销组合策略是企业综合考虑产品、价格、促销形式和销售渠道等各种因素而制定的市场营销方案，就每一特定市场而言，只有一种最佳组合的形式，这种最佳组合只能是市场细分的结果。例如，雕牌洗衣粉将目标市场定位为大众市场，以农村市场作为跳板，用低价作为进军日化市场的"冲锋炮"，用广告在农村市场奠定品牌形象，结果遍地开花。上市第一年，雕牌洗衣粉奇迹般地跃居市场占有率第二位，第二年便取得全国销量第一的良好业绩。

（四）有利于提高企业的竞争能力

市场细分以后，每一细分市场上竞争者的优势和劣势就明显地暴露出来，企业只要看准市场机会，利用竞争者的弱点，同时有效地开发本企业的资源优势，就能用较少的资源把竞争者的顾客和潜在顾客变为本企业的顾客，提高市场占有率，增强竞争能力。

二、市场有效细分的条件

从企业市场营销的角度看,无论是消费者市场还是产业市场,并非所有的细分市场都有意义,所选择的细分市场必须具备一定的条件。

(一)可衡量性

可衡量性是指用来细分市场的标准和变数及细分后的市场是可以识别和衡量的,即有明显的区别,有合理的范围。如果某些细分变数或购买者的需求和特点很难衡量,细分市场后无法界定,难以描述,那么市场细分就失去了意义。一般来说,一些带有客观性的变数,如年龄、性别、收入、地理位置等,都易于确定,并且有关的信息和统计数据也比较容易获得。一些带有主观性的变数,如心理和性格方面的变数,就比较难以确定。

(二)可进入性

可进入性是指企业能够进入所选定的细分市场部分,能进行有效的促销和分销,实际上就是考虑营销活动的可行性。一是企业能够通过一定的广告媒体把产品的信息传递到该细分市场众多的消费者中去,二是产品能通过一定的销售渠道抵达该细分市场。

(三)可盈利性

可盈利性是指细分市场的规模要达到能够使企业足够获利的程度,使企业值得为它设计一套营销规划方案,以便顺利地实现营销目标,并且有可拓展的潜力,以保证按计划能获得理想的经济效益和社会服务效益。

(四)差异性

差异性是指细分市场在观念上能被区别,并对不同的营销组合因素和方案有不同的反应。如女性化妆品市场可以根据年龄层次和肌肤的类型等变量加以区分。如果不同的细分市场顾客对产品需求差异不大,行为上的同质性远大于异质性,这时企业就不必费力对市场进行细分。另外,对于细分出来的市场,企业应当分别制定独特的营销方案。如果无法制定这样的方案,或其中某几个细分市场对是否采用不同的营销方案不会有太大的差异反应,则不必进行市场细分。

(五)相对稳定性

相对稳定性是指细分后的市场在一定时间内保持相对稳定。相对稳定性直接关系到企业生产营销的稳定性,特别是对于大中型企业以及投资周期长、转产慢的企业而言,相对稳定性不足容易造成企业经营困难,严重影响企业的经营效益。

三、消费者市场的细分标准

引起消费者需求差异的变量很多,概括起来,细分消费者市场的变量主要有地理因素、人口因素、心理因素和行为因素四个方面。

(一)按地理因素细分

按地理因素细分是指企业按消费者所在的地理位置、地理环境等变量来细分市场。因为处在不同地理环境下的消费者,对于同一类产品往往会有不同的需求与偏好,他们对企业的产品价格、销售渠道、广告宣传等营销措施的反应也常常存在差别。

（1）地理位置：可以按照行政区划来进行细分，如在我国，可以划分为东北、华北、西北、西南、华东和华南几个地区；也可以按照地理区域来进行细分，如划分为省、自治区、市、县等，或内地、沿海、城市、农村等。在不同地区，消费者的需求显然存在较大差异。

（2）城市大小：可划分为大城市、中等城市、小城市和乡镇。处在不同规模城市的消费者，在消费结构方面存在较大差异。

（3）地形和气候：按地形可分为平原、丘陵、山区、沙漠地带等；按气候可分为热带、亚热带、温带、寒带等。防暑降温、御寒保暖之类的消费品就可按不同气候带来划分。如在我国北方，冬天气候寒冷干燥，加湿器很有市场；但在江南，由于空气湿度大，基本上不存在对加湿器的需求。

2. 按人口因素细分

按人口因素细分是指按年龄、性别、职业、收入、受教育程度、家庭生命周期、民族、宗教、国籍等变量，将市场划分为不同的群体。由于人口变量比其他变量更容易测量，且适用范围比较广，因而人口变量一直是细分消费者市场的重要依据。

（1）年龄：不同年龄段的消费者，由于生理、性格、爱好、经济状况的不同，对消费品的需求往往存在很大的差异。因此，可按年龄将市场划分为许多各具特色的消费者群，如儿童市场、青年市场、中年市场、老年市场等。从事服装、食品、保健品、药品、健身器材、书刊等商品生产经营业务的企业，经常采用年龄变量来细分市场。

（2）性别：按性别可将市场划分为男性市场和女性市场。不少商品在用途上有明显的性别特征。如男装与女装、男表与女表。在购买行为、购买动机等方面，男女之间也有很大的差异，如妇女是服装、化妆品、小包装食品等市场的主要购买者，男士则是香烟、饮料、体育用品等市场的主要购买者。美容美发、化妆品、珠宝首饰、服装等许多行业，长期以来按性别来细分市场。

男性要刮胡子，而女性绝少刮。如果有人想向窈窕淑女推销刮胡刀，难免会被认为是不可思议的事情，然而美国著名的剃须刀吉列公司早在 30 年前就这样做了，而且获得了巨大的成功。吉列公司为女性精心设计了专用的"刮毛刀"。它的刀头部分与男用刮胡刀并无二致，只是刀架选用了色彩鲜艳的彩色塑料，握柄由直线型改为弧线型以利于妇女使用，并在上面压制了一朵美丽的雏菊。在推销这一产品时，还根据妇女的心理特征，选择"不伤玉腿"的广告主题，突出了新产品的安全性。新型"雏菊"剃毛刀一上市，立即被抢购一空，成为畅销产品，吉列公司获利颇丰。

（3）收入：收入的变化将直接影响消费者的需求欲望和支出模式。根据平均收入水平的高低，可将消费者划分为高收入、次高收入、中等收入、次低收入、低收入五个群体。收入高的消费者一般喜欢到大百货公司或品牌专卖店购物，收入低的消费者则通常在住地附近的商店、仓储超市购物。汽车、旅游、房地产等行业一般按收入变量细分市场。

（4）民族：世界上大部分国家都拥有多种民族，我国更是一个多民族的大家庭，除汉族外，还有 55 个少数民族。这些民族都有自己的传统习俗、生活方式，从而呈现出不同的商品需求。

（5）职业：不同职业的消费者由于知识水平、工作条件和生活方式等的不同，其消费需求存在很大的差异，如教师比较注重书籍、报刊方面的需求，文艺工作者则比较注重美容、服装等方面的需求。

（6）受教育程度：受教育程度不同的消费者在兴趣、生活方式、文化素养、价值观念等方面都会有所不同，因而会影响他们的购买种类、购买行为、购买习惯。

（三）按心理因素细分

按心理因素细分就是将消费者按其生活方式、性格、购买动机、态度等变量细分成不同的群体。

（1）生活方式：越来越多的企业，如服装、化妆品、家具、娱乐等行业的企业重视按人们的生活方式来细分市场。生活方式是人们对工作、消费、娱乐的特定习惯和模式，不同的生活方式会产生不同的需求偏好，如"传统型""新潮型""节俭型""奢侈型"等。美国服装公司把妇女划分为"朴素型妇女""时髦型妇女""男子气质型妇女"三种类型，分别为她们设计了传统服装、时尚服装、中性服装。

（2）性格：消费者的性格与他们对产品的需求有很大的关系。性格可以用外向、内向、乐观与悲观、自信、顺从、保守、激进、热情、老成等词句来描述。性格外向、容易感情冲动的消费者往往好表现自己，因而他们喜欢购买能表现自己个性的产品；性格内向的消费者则喜欢大众化，往往购买比较普通的产品；富于创造性和冒险心理的消费者则对新奇、刺激性强的商品特别感兴趣。

（3）购买动机：消费者对所购产品追求的利益主要有求实、求廉、求新、求美、求名、求安等，这些都可作为细分的变量。如有人购买包是为了实用，放随身物品，而有人是追求名牌，展现自身的经济实力。

（四）按行为因素细分

按行为因素细分主要指根据购买者对产品的了解程度、态度、使用情况及反映等，将他们划分为不同的群体。主要的细分依据有消费者购买或使用某种商品的时间、购买数量、购买频率、购买习惯等。

（1）购买时间：根据消费者提出需要、购买和使用产品的不同时间，将消费者划分为不同的群体。如某通信运营商在新生入学时，为刚入校的学生提供选号、定制套餐等服务。

（2）购买数量：据此可分为大量用户、中量用户和少量用户。大量用户人数不一定多，但消费量大，许多企业以此为目标。如文化用品大量使用者是知识分子和学生，化妆品大量使用者是青年妇女等。购买分为经常购买、一般购买、不常购买（潜在购买者）。

（3）购买习惯（品牌忠诚度）：据此可将消费者划分为坚定品牌忠诚者、多品牌忠诚者、转移的忠诚者、无品牌忠诚者等。如有的消费者忠诚于某些产品，如海尔电器、中华牙膏等，有的消费者忠诚于某些服务，如东方航空公司、某某酒店或饭店等，或忠诚于某一个机构、某一项事业等。为此，企业必须辨别其忠诚顾客及特征，以便更好地满足他们的需求，必要时给忠诚顾客以某种形式的回报或鼓励，如给予一定的折扣。企业要综合考虑自身行业的特点和产品的特性，采用一种或几种变量，对消费者市场进行细分。

四、目标市场模式

市场经过细分、评价后,可能得出若干可供进军的细分市场,企业是向某一个市场进军还是向多个市场进军,有五种可供考虑的目标市场模式。

(一)市场集中化

这种模式是指企业只生产一种标准化产品,只供应某一顾客群。这种模式的优点主要是能集中企业的有限资源,通过生产、销售和促销等专业化分工,提高经济效益;这种模式的缺点是存在较大的潜在风险,由于企业的目标市场比较狭小,一旦市场的情况发生变化,企业不能随机应变,就有可能陷入困境,影响企业的生存和发展。较小的企业通常采用这种策略,它可以帮助企业实现专业化生产和经营,在取得成功后再逐步向其他细分市场扩展。如某服装厂只生产童装,满足儿童市场的需求。

(二)产品专业化

这种模式是指企业面对所有的细分市场只生产经营一种产品。这种模式的优点是可使企业的某个产品在不同市场上树立起很高的声誉,扩大产品的销售。但如果这种产品被全新技术产品取代,企业面临的经营风险将是巨大的。如血压计向不同的客户出售,包括医院、诊所、药房等,但电子血压计的问世,就会对手动血压计的市场构成威胁。

(三)市场专业化

这种模式是指企业向同一细分市场提供不同类型的产品。比如某工程机械公司专门向建筑业的用户供应推土机、打桩机、起重机、水泥搅拌机等建筑工程中所需要的机械设备。这种模式的优点是企业生产的不同产品容易在某个市场上获得良好的声誉,打开产品的销路。但如果这个市场的消费群体采购量下降,则销售量大幅下降的风险将会发生,企业就会产生效益滑坡的危险。

(四)选择专业化

这种模式是指企业有选择地进入多个细分市场,并向这些细分市场分别提供不同类型的产品。选择这种模式的主要原因是各细分市场之间相关性较小,每个细分市场都有着良好的营销机会与发展潜力。这种模式的优点是有利于分散企业的经营风险,即使失去某细分市场,企业仍可在其他细分市场上盈利。较大的企业通常采用这种策略。

(五)完全市场覆盖

这种模式是指企业把所有细分市场都作为目标市场,并生产不同的产品满足各种不同的目标市场消费者的需求。只有大企业才能选用这种策略。

五、借助亚马逊网站对猫咪宠物用品猫砂进行细分市场

以亚马逊为例,如何操作找到自己的细分市场?

如果某企业是做宠物用品的,比如猫砂产品,首先第一步应打开亚马逊网站(https://www.amazon.com/)查看全部分类中的宠物用品,如图2-2所示。

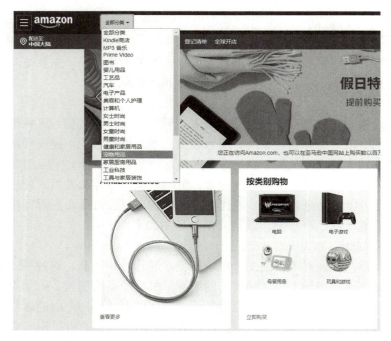

图 2-2 在亚马逊网站中找到宠物用品

第二步,点击"宠物用品",如图 2-3 所示,所有宠物用品立刻映入眼帘。

图 2-3 宠物用品分类

第三步,选择"猫用品"中的"猫砂及清洁用品",如图 2-4 所示。

第四步,点击"猫砂及清洁用品"子分类后如图 2-5 所示。

这时会发现和猫砂有关的很多配套产品。这里面也孕育着巨大的市场,这就是细分市场的一个步骤。里面有 179 条竞品信息,如图 2-6 所示。

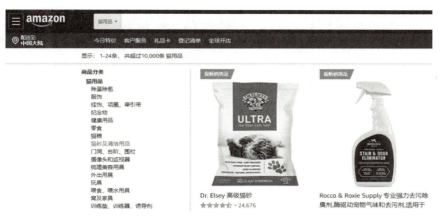

图 2-4　继续选择猫砂分类

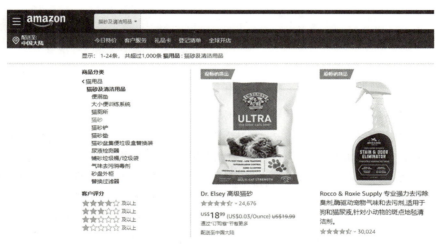

图 2-5　猫砂及清洁用品大类下的小分类

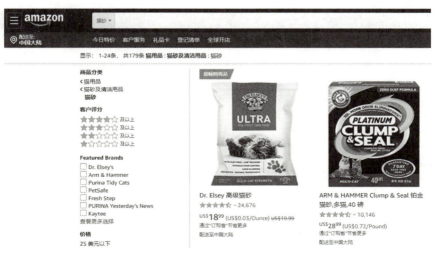

图 2-6　猫砂细分市场下有 179 条竞品信息

下面竞品的评价都是上万个,说明这类竞品几乎没什么竞争度,需求是巨大的。点击任何一个竞品的评价进来,如图 2-7 所示。

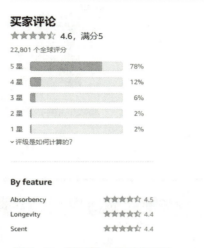

图 2-7　竞品第一的买家评论

最后找到 Top critical review(差评排行榜)仔细阅读差评,你就会明白买家投诉的原因了,同理,别的店铺也用这个方法,如图 2-8 所示。如果是卖同样材质的猫砂,比如膨润土的猫砂,差评里面你会发现一般集中在这几个主要问题上:灰尘大、结团慢、除臭不理想,并且还易碎,很难打扫,又不环保等。于是就发现了用户的很多痛点,那为什么又卖这么好呢?就是因为它价格便宜。如果你是做这个行业的,肯定是要想办法去解决用户的这些痛点,比如研发新材料的猫砂,豆腐猫砂(纯天然豆腐渣做的,环保,猫咪误食也不会有问题,关键具有水溶性,用完直接可以倒进马桶冲掉,可以用废渣来养花,等等)。

图 2-8　差评排行榜

这是不是发现了新的需求呢?
希望以上分析对你在细分市场和发掘需求方面有所帮助。

任务实践

一、任务目标

（1）了解电子商务贸易如何抓住红利形成的规模和自己的核心团队；
（2）了解尚未进入电商的企业如何进行客户需求的分析并加强相关的评估；
（3）了解目前企业发展应抓住哪些政策红利；
（4）了解网络营销企业如何发现新的市场需求。

二、任务实施

步骤1：了解细分市场的概念与作用。

了解细分市场不是根据产品品种、产品系列来进行的，而是从消费者的角度进行划分的。消费者的需求、购买动机以及购买行为的差异，是市场细分的客观依据。

步骤2：市场有效细分的条件。

从企业市场营销的角度看，无论是消费者市场还是产业市场，并非所有的细分市场都有意义，所选择的细分市场必须具备一定的条件。

步骤3：消费者市场的细分标准。

引起消费者需求差异的变量很多，概括起来，细分消费者市场的变量主要有地理因素、人口因素、心理因素和行为因素四个方面。

地理因素：地理位置、城镇大小、地形、地貌、气候、交通状况、人口密度等。

人口因素：年龄、性别、职业、收入、民族、宗教信仰、受教育程度、家庭人口、家庭生命周期等。

心理因素：生活方式、性格、购买动机、态度等。

行为因素：购买时间、购买数量、购买频率、购买习惯（品牌忠诚度）、对服务、价格、渠道、广告的敏感程度等。

步骤4：目标市场模式。

熟练掌握市场细分原理，经过评价后，可能得出若干可供进军的细分市场，企业是向某一个市场进军还是向多个市场进军，有五种可供考虑的目标市场模式。

三、任务总结

（1）完成全部调研数据的整理和归档。
（2）对实施过程中出现的问题进行整理，进行后期的讨论分析，并完成下面的知识及技能总结表格（见表2-2）。

表 2-2　知识及技能总结

班级：		姓名：	学号：	完成时间：
任务名称：		组长签字：	教师签字：	
类别	索引		学生总结	教师点评
知识点	市场细分的概念与作用			
	市场有效细分的条件			
	消费者市场细分的标准			
	目标市场的模式			
技能点	具备分析细分市场的能力			
	能够将需求相近的客户分入同一目标市场			
	能够针对不同的目标市场模式制订营销计划以满足顾客需求			
操作总结	操作流程			
	注意事项			
反思				

任务 2-3 电子商务架构

知识储备

一、电子商务基本架构

（一）现代电子商务基本架构

电子商务是利用先进的电子网络技术和电子工具开展的商务活动。其核心是降低个人、组织和社会的交易成本和管理成本，提高商务活动的效率，目的是提高商务活动的经济效益，本质是发展新的先进的商务生产力。现代商务的基本架构可以用图 2-9 来表示。

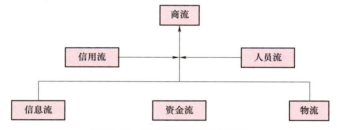

图 2-9 现代商务的基本架构

电子商务的任何一笔交易都包括以上六种基本的"流"，即信息流、资金流、物流、信用流、人员流和商流。其中，信息流既包括商品信息的提供、促销、营销、技术支持、售后服务、企业内部管理等内容，也包括诸如询价单、报价单、付款通知单、保单、转账通知单等商业贸易单证，还包括交易方的支付能力、支付信誉，商业信誉等。资金流主要是指资金的转移过程，包括付款、转账、兑换等过程。物流主要是指商品和服务的配送和传输渠道。对于大多数商品和服务来说，物流可能仍然经由传统的经销渠道或者采用其他物流模式；然而对有些商品和服务来说，可以直接以网络传输的方式进行配送，如各种电子出版物、信息咨询服务、有价信息等。商务活动是人（自然人或法人）的活动，离不开市场主体。在市场主体进行交易的过程中，由于客观存在的信息不对称等原因，交易各方之间需要互相信任，以保证其他各种"流"的顺利实现。因此，只有信息流、资金流和物流在人员流和信用流的保驾护航下全部有效地完成，才能保证商流的最终实现。商流是电子商务活动中商品所有权的流动。对于每个交易主体来说，他面对的是一个电子市场，必须通过电子市场选择交易的内容和对象。电子商务的运作就是围绕这六种"流"展开的。

电子商务的应用是信息流、资金流、物流、信用流、人员流和商流的高度整合。其中，物流和资金流分别代表使用价值和价值的转移，人员流反映出市场主体在电子商务活动中的必要角色。电子商务使得交易的时间和空间大大扩展，信息流和信用流自然而然就成为最重要的因素,信息流对整个电子商务活动起着监控作用,信用流则是交易各个环节得以实现的根本保证。因此,物流、资金流、人员流、信息流及信用流有机结合方能确保商品所有权的让渡与转移,标志着交易达成的商流才能得以实现。

(二)电子商务的基本架构

根据电子商务的实现机理,结合现代商务架构体系,可以将电子商务基本架构简单表示为"5F+2S+1P",如图2-10所示。5F指信息流、资金流、物流、信用流、人员流(flo),2S指技术支持(support)、标准化建设(standardization);1P指宏观政策法规(polic)。

在"5F+2S+1P"这一电子商务的基本框架中,商流是核心,是电子商务的最终目的,处于最高端。实施电子商务就是为了顺利实现信息流、资金流、物流、信用流和人员流的畅通,最终实现商流。通过网站建设进行信息发布、传输和交流,沟通各相关市场主体,实现信息流;通过电子支付手段,实现资金流;通过配送体系等方式,实现物流。在整个电子商务的实施过程中,市场主体的参与(人员流)和市场主体之间相互提供信用(信用流),则是有效完成交易的根本保障。

电子商务的开展需要具备现实的基础环境,包括技术支持、标准化建设和政策法规,它们作为电子商务的支持条件,构成电子商务完成交易的根本保障。

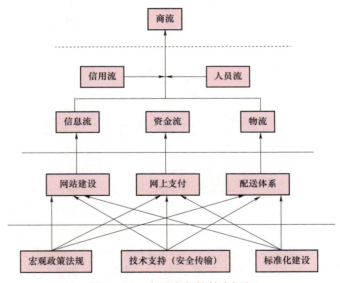

图2-10 电子商务的基本框架

二、电子商务的总体框架

电子商务的运作需要有关各方的相互支持和配合才能实现,电子商务的总体框架结构包括实现电子商务的技术保证和各种组成关系。如图2-11所示,电子商务的总体框架包括四个层次和两大支柱,描述了电子商务的各个层面和众多支持条件,可以帮助我们更好地理解电子商务。四个层次是电子商务的应用基础,每个层次解决特定和有限的问题,由下而上分别从网络基础、多媒体内容与网络出版、信息/消息发布与传输以及一般业务服务四个方面，为电子商务的运作提供技术手段上的支持；两大支柱则一般由国家政府部门制定的相关政策法规以及各种网络安全协议和技术标准组成。

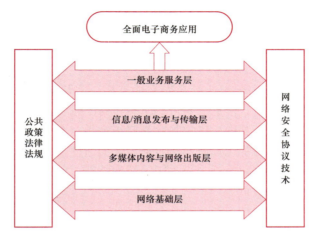

图 2-11　电子商务的总体框架

（一）电子商务的四个层次

1. 网络基础层

网络基础层是电子商务的硬件基础设施，即通常所说的"信息高速公路"。正像我国的公路系统是由国道、城市干道和辅道共同组成一样，信息高速公路可通过电信网、有线电视网、无线电视网、互联网等形成高速传输系统，提供电子商务的网络平台。我国的信息高速公路已基本建成，覆盖全国。网络基础层是电子商务框架的底层，是一切内容出版、信息传输、业务服务和各项电子商务应用的物质前提。

2. 多媒体内容与网络出版层

有了网络基础设施，信息就拥有了传输的通路，可是信息存在的形式多种多样，有文字、声音，还有图像，而机器（以电子计算机为主）只能识别简单的代码语言，怎样使这些信息表现出来呢？这就需要进行各项信息内容的"出版"，最常用的工具包括超文本标记语言（Hyper Text Markup Language，HTML）、Java 语言和万维网（World Wide Web，WWW）等。HTML 可以将文本、图形、图像、声音、动画等多媒体项目集中于一体予以发表，Java 语言是一种功能强大的网络编程语言，万维网则是信息内容的展示台，是制作产品并将其出版的一个配发中心。

3. 信息/消息发布与传输层

信息发布解决电子商务系统内部信息的发布问题。信息传输解决电子商务系统外部信息的传输问题。信息的发布、传输形式并不是单一的，而是根据不同的场合、不同的需要采用不同的方式，这就构成了信息/消息发布与传输层。实际应用中，信息/消息的发布/传输基础设施包括电子数据交换（Electronic Data Interchange，EDI）、电子邮件（E-mail）与超文本传输协议（Hyper Text Transfer Protocol，HTTP）等多种形式。

4. 一般业务服务层

为了保证交易顺利完成，所有的企业、个人在商务活动中都需要接受一些基本的服务，这就构成了一般业务服务层。一般业务服务层是为了方便商务活动而提供的通用的基础业务服务，如保证商业信息安全传输的方法、确保买卖双方合法性的认证、安全加密、电子支付工具、商品目录服务和价目表服务、公司名录、保险等。

以上四个层次构成了电子商务的基础设施环境。

（二）电子商务的两个支柱

1. 政策法律支柱

政策法律是电子商务应用框架的社会人文性支柱，它是指与电子商务有关的公共政策、法律法规，涉及税收制度、信息的定价、信息访问的收费、信息传输成本、隐私保护问题等，需要政府制定政策。其中，税收制度如何制定是一个至关重要的问题。例如，对于咨询信息、电子书籍、软件等无形商品是否征税，如何征税；汽车、服装等有形商品如何通过海关，如何征税；税收制度是否应与国际惯例接轨，如何接轨等。相关问题处理不当，将严重制约电子商务的发展。

2. 技术标准支柱

技术标准是电子商务应用框架的自然科技性支柱。技术标准定义了用户接口、传输协议、信息发布标准、安全协议等的技术细节。它是信息发布、传递的基础，是网络信息一致性的保证。

目前，许多企业和厂商、国际组织都意识到技术标准的重要性，致力于联合起来开发统一的国际技术标准，比如 EDI 标准、TCP/IP 协议、HTTP 协议、SSL 协议、SET 协议、电子商务标准等。

以上两个要素构成电子商务必备的外部支撑条件。

（三）电子商务的全面应用

四大基础设施环境和两大外部支撑条件构成了电子商务的运行环境平台。在此基础上，可以开展电子商务的各类应用活动，主要包括：

（1）网上订购：电子商务可以借助在网站页面中提交交互式表单或发送电子邮件实现网上订购。

（2）服务传递：主要涉及信息类的产品或服务，如计算机软件、电子图书、咨询服务等，顾客在网上付款后，就可以立即下载或通过电子邮件接收产品和服务。

（3）咨询洽谈：电子商务可以通过实时的交谈或非实时的电子邮件、新闻组来完成网上的信息交流、询价、报价、交易洽谈和签订合同等交易事务，还可以通过网络会议来交流即时的图形信息。

（4）网上支付：缺少网上支付功能的电子商务不是完整的电子商务，网上支付是电子商务活动的重要环节。支付的手段主要有：信用卡、电子钱包、电子现金、电子支票。

（5）电子银行：2000年，中国工商银行最早推出电子银行服务。电子银行是指一种新型的银行服务方式或渠道，不需要到银行网点，只要通过电脑、电话、手机、ATM、POS机等电子终端，就可以方便地获得账户查询、缴费、网上购物等多种金融服务。

（6）广告宣传：相对于传统广告，网络广告的优点体现在不受时间、篇幅的限制，成本低，传递给顾客的信息是最需要的、最丰富的。

（7）意见征询：通过网站的留言板、电子邮件、网上调查表征询意见。

（8）业务管理：涉及企业原材料采购、生产安排、产品销售、市场营销及财务核算等多方面的协调与管理。

三、电子商务的系统框架

电子商务系统是一个多方参与、互相支持、互为条件的大系统，各参与方在其中扮演着不同的角色，实现各自不同的功能。由于电子商务条件下的各参与方不像在传统商务活动中那样直接联系，而是完全通过网络等电子技术手段进行信息沟通和业务合作，因此需要一些在传统商务活动中没有的或者重要程度不同的电子商务角色，如用于网上身份验证的认证中心、完成商品配送的物流中心和提供电子商务相关服务的电子商务服务商。即使与传统商务中的角色相同，在电子商务系统中其功能和定位也会发生巨大的变化，如银行提供网上支付服务的方式截然不同，消费者也不再是传统意义上的消费者，而是拥有"消费者主权"的消费者。因此，从电子商务参与者的角度出发，可用图2-12表示电子商务的系统框架。电子商务系统由采购者、供应者、支付系统、认证中心、物流中心和电子商务服务商等基本要素组成。所有参与各方围绕电子商务网络相互协作开展业务，共同完成电子商务系统的功能。

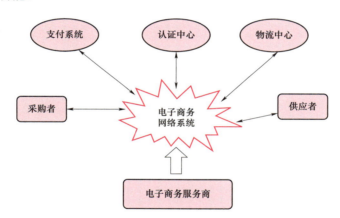

图2-12 电子商务的系统框架

（1）电子商务系统中的采购者：也称需求方，是指那些通过电子商务系统购买有形、无形商品或服务的企业、政府部门以及个人消费者。完全意义上的电子商务采购者应该通过电子商务网络来实现全部交易，包括用网络来选择商家和商品，并实现电子支付，足不出户便可获得商品。

（2）供应者：电子商务系统中的供应者可以是企业，也可以是个人，只要通过电子商务系统提供商品（包括有形、无形商品和服务），就是电子商务系统中的供应者。一般情况下，供应者通过电子邮件、电子广告、网站商品目录等形式发布商品和服务信息，并提供可供消费者选择的支付方式和送货方式，其中的无形商品和咨询服务可以通过网络直接传送给采购者。供应者可以用自建服务器、租用服务器、主机托管等方式建立电子商务网站或在其他的电子商务网站上建立网页。另外，供应者为了取得采购者的信任，应到认证中心申请有关证书，如SET协议的"商家证书"。

（3）支付系统：支付系统的功能是为电子商务系统中的采购者和供应者等其他系统角色提供资金支付方面的服务，并保证支付的安全性。支付系统是一个复杂的系统，一般由网上银行通过计算机网络为交易的客户提供货币支付或资金流转的网络支付与结算平台，以实现支付的无纸化、电子化和数字化，主要包括计算机网络系统、网络支付工具、安全控制机制等。

（4）认证中心：认证中心是一些不直接从电子商务交易中获利的、得到法律承认的第三方机构，负责发放和管理数字证书，以使网上交易各方能够相互确认身份。

（5）物流中心：物流中心主要接受供应者的送货要求，负责及时地将无法从网上直接传递的有形实物商品送达采购者指定的地点，并跟踪商品的动态流向。

（6）电子商务服务商：这里专指提供网络接入服务、信息服务及应用服务的 IT 商家。

任务实践

一、任务目标

(1) 了解电子商务概念框架结构的适时变革;
(2) 了解建立一种面向系统工程管理和社会管理的电子商务概念框架结构;
(3) 了解目前企业发展应使用哪种框架结构;
(4) 了解网络营销企业如何发现电子商务的系统框架。

二、任务实施

步骤1:了解电子商务基本架构。

了解电子商务是利用先进的电子网络技术和电子工具开展的商务活动。其核心是降低个人、组织和社会的交易成本和管理成本,提高商务活动的效率,目的是提高商务活动的经济效益,本质是发展新的先进的商务生产力。

步骤2:熟悉电子商务的四个层级和两个支柱,熟悉电子商务的系统框架。

了解电子商务框架的建立和完善。电子商务系统是商务活动的各参与方和支持组织商务活动的所有电子技术手段的集合。

步骤3:认识互联网技术与电子商务。

能够准确地分析电子商务组成要素之间的主要作用,以及之间的关系。学习电子商务系统的有关技术,能够分析主要技术特点。

三、任务总结

(1) 完成全部调研数据的整理和归档。
(2) 对实施过程中出现的问题进行整理,进行后期的讨论分析,并完成下面的知识及技能总结表格(见表2-3)。

表2-3 知识及技能总结

班级:		姓名:		学号:		完成时间:	
任务名称:			组长签字:		教师签字:		
类别	索引			学生总结		教师点评	
知识点	了解电子商务基本架构						
	熟悉电子商务的四个层级和两个支柱						
	熟悉电子商务的系统框架						
	认识互联网技术与电子商务						

续表

类别	索引	学生总结	教师点评
技能点	能够准确地分析电子商务组成要素之间的主要作用		
	学习电子商务系统的有关技术，能够分析主要技术特点		
操作总结	操作流程		
	注意事项		
反思			

项目三

电子商务运营

 学习目标

知识目标
- 了解 B2B、B2C、C2C 的概念
- 熟悉 B2B 电子商务优势、B2B 电子商务交易平台的类型、B2C 电子商务的交易流程、C2C 电子商务的主要利润来源
- 掌握 B2B 电子商务网站的分类、B2B 电子商务的优势、B2C 电子商务的主要模式、B2C 电子商务的参与者、C2C 电子商务交易的一般流程

能力目标
- 能对 B2B 电子商务交易平台的类型进行划分
- 能进行 B2B 网站注册
- 能对 C2C 电子商务交易平台的经营模式进行划分
- 能进行 C2C 网站注册

素养目标
- 树立诚实守信、精益求精的职业操守和精神
- 培养创新意识和国际化视野
- 培养团队合作能力

思维导图

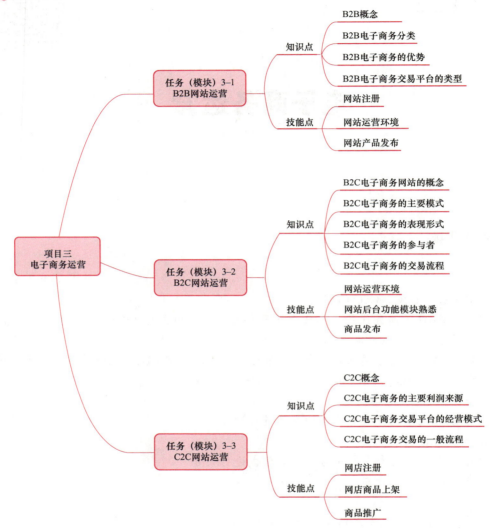

任务 3-1　B2B 网站运营

知识储备

一、B2B 概念

B2B 是 Business to Business 的缩写,是指企业与企业之间的电子商务,即企业与企业

之间通过互联网进行的电子商务活动。

从供应链角度来理解，B2B 模式主要是针对企业内部以及企业与上下游协作厂商之间的信息整合，借助企业内部网（Intranet）建构信息流通的基础，利用外部网络（Extranet）和互联网连接产业链上的上中下游厂商，达到供应链（Supply Chain Management，SCM）的整合，该模式可以帮助企业通过 B2B 电子商务系统，将面向上游的供应商的采购业务和面向下游的代理商的销售业务有机地联系在一起，通过互联网进行网上营销、生产组织管理、技术合作与研发、办公自动化等许多方面的业务。应用 B2B 的商业模式，不仅可以简化企业内部信息流通的手续，更可加快企业与企业之间的交易流程，减少成本的耗损（实施 B2B 总成本大约可降低 32%，还不包括合作伙伴和客户获得的益处），具体如图 3-1 所示。企业对企业的大笔交易能够更大限度地发挥电子商务的潜在效益，并通过供应的集中、采购的自动实现、配送系统的高效率，使企业间的合作得以更好的实现。因此，B2B 模式可以视为 e 时代企业的生存平台。

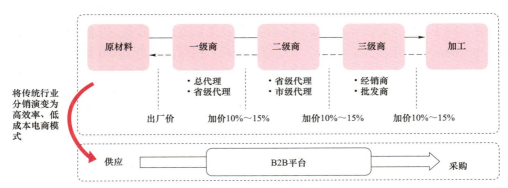

图 3-1　B2B 商业模式

二、B2B 电子商务分类

企业间电子商务可以分为两种：

第一种是非特定企业间的电子商务，是指在开放网络中为每笔交易寻找合作伙伴，并与伙伴进行从订购到结算的全面交易行为。

第二种是特定企业间的电子商务，是指过去一直有交易关系且以后仍要继续进行交易的企业间围绕交易进行的各种商务活动。特定企业间的电子商务活动可以由买卖双方通过公共网络进行，也可以利用企业间的专门网络实现。

B2B 模式的电子商务已有多年历史，特别是基于增值网（Value-added Network，VAN）运行的电子数据交换，使得企业间电子商务迅速发展和扩大，公司间可以通过网络进行电子贸易、电子采购、网上招标、电子合同签订、电子资金转账（EFT）等电子化商业活动。

三、B2B 电子商务的优势

与传统商务相比，B2B 电子商务的优势主要表现在以下几个方面。

（一）降低企业经营成本

传统的企业间的交易往往要耗费企业的大量货源和时间，无论是销售、分销还是采购，都要占用产品成本。通过 B2B 的交易方式，买卖双方能够在网上完成整个业务流程，从建立最初印象，到货比三家，再到讨价还价、签单和交货，最后到客户服务。B2B 使企业之间的交易减少许多事务性的工作流程和管理费用，降低了企业经营成本。网络的便利及延伸性使企业扩大了活动范围，发展跨地区、跨国界的电子商务更方便，成本更低廉。

（二）优化库存管理

以信息技术为基础的电子商务可以通过网络将市场需求信息及时准确地传递给企业决策层和企业供货商，从而缩短了企业的"订货－运输－付款"环节，降低了库存成本，使企业库存维持在一个最适当的水平上。

（三）缩短企业生产销售周期

电子商务环境下，企业要赢得市场，就要不断地为消费者提供更优质、更高效的个性化服务，因此，产品从设计、研发，到生产、销售，都需要多个企业的相互协作。通过电子商务可以减少因信息交流手段落后而产生的信息滞后或差错现象，从而大大加快企业资金流和物流的流动，缩短企业的整个生产销售过程。例如，20 世纪 80 年代初，设计制造一款新型汽车，从提出方案到批量生产，美国汽车制造公司一般需要 4～6 年，现在汽车制造商通过 EDI 系统与其供应商交流生产计划与需求，整个生产过程仅需要 8～10 周。

（四）促进买卖双方信息交流

传统商务活动主要通过电话、电报或传真等工具进行信息交流，形式单一，成本较高，而 B2B 电子商务通过互联网传递文本、图片、音频、视频、动画等多种形式的信息，或以 EDI 标准报文传递订单、发票等重要商务文档信息。

四、B2B 电子商务交易平台的类型

当前，国内 B2B 电子商务交易平台主要分为三种类型：一是企业自建的 B2B 电子商务交易平台；二是以阿里巴巴为代表的水平式 B2B 交易平台，或称作综合门户网站平台；三是垂直式 B2B 交易平台，或称作专业门户网站平台。从平台的构建者来看，企业自建的 B2B 电子商务交易平台的构建者是经营实体依托的企业（传统企业），而水平式和垂直式交易平台都属于纯粹的 B2B 网站，是网络企业。

（一）企业自建的 B2B 电子商务交易平台

大型企业为了提高效率、减少库存、降低成本，建立了企业 B2B 电子商务交易平台，以实现企业间电子商务，独立建站的典型企业有 Dell（http://www.dell.com）、Intel（http://www.intel.com）、Cisco（http://www.cisco.com）、联想（http://www.lenovo.com）、海尔（http://www.haier.net.cn）等。这种交易平台是几种 B2B 交易平台中最灵活的，企业可以根据运作流程随时改变交易平台的设计，如 Dell 的网站就先后调整了几百次。另外，由于平台由企业控制，网站到管理信息系统的连接不难，但由于各企业的信息系统的提供商不尽相同，跨企业的互联存在一定的障碍。因此，这种交易平台对合作伙伴间的信息系统提出了更高的要求。从企业建立网站、宣传企业形象，到将网站和内部信息系统相连，再到企业间高度互联互通，这是企业 B2B 电子商务发展的三个阶段。

这种交易平台不仅能够宣传企业形象，同时利用现代化的信息网络，可以加大产品市场的推销力度，提高企业产品竞争力。以海尔集团为例，自1996年年底开始建立海尔网站，经过多次改版，并不断推出新的业务，2000年推出基于Web的产品定制业务，到2000年9月底，海尔B2C、B2B交易总额已超过12亿元，2018年11月11日00:01海尔电商战报：成交额1亿元。图3-2所示为海尔集团电子商城官网。

图3-2　海尔集团电子商城官网

（二）水平式B2B交易平台

水平式B2B交易平台，可以将买方和卖方集中到一个市场上来进行信息交流、做广告、拍卖竞标、交易、库存管理等。水平式B2B交易对参与企业没有特殊限制，行业范围广，也不以持续交易为前提，这种信息平台型的网站对企业的价值主要表现为增加市场机会、比较供货渠道、促成项目合作、进行企业形象宣传等。此类网站的典型代表有阿里巴巴全球贸易信息网（http://www.1688.com）、环球资源网（http://www.globalsources.com）和慧聪网（http://www.hc360.com）。

从电子商务的模式来讲，阿里巴巴网属于"交易平台服务模式"，图3-3所示为阿里巴巴网中文首页。电子商务网站最基本的功能是提供商务平台，目前，B2B电子商务从单纯的信息平台逐渐演变成真正的交易平台，平台的会员企业会被买家和卖家认为是有限交易的标准，具有B2B交易平台参与的交易过程被认为是降低风险的选择，阿里巴巴网被列为电子商务及国际商贸领域中浏览量最高的全球性网站之一。

而慧聪网属于"信息资讯服务模式"，图3-4所示为慧聪网首页。从信息资讯入手，通过信息资讯服务来聚集人气，以资讯平台来带动商务平台，这是水平式B2B交易平台的第二种类型。慧聪网有着很好的线下服务基础，并由此逐渐扩展进而延伸到线上服务，然后融合线上和线下服务。在商务平台的设计方面，慧聪网按照企业最为关心的要点信息组织信息发布模式，用户通过该平台可以直接替代原有的采购数据库，极大地节省了资料收集成本。慧聪网是信息资讯服务模式的成功案例。

图 3-3　阿里巴巴电子商务网站首页

图 3-4　慧聪网首页

（三）垂直式 B2B 交易平台

相对于水平式 B2B 交易平台，垂直式 B2B 交易平台的特点是专业性强，容易吸引针对性较强的客户，并易于建立起忠实的客户群。此类网站的创办者大都是该行业的从业者，拥有丰富的行业背景资源，熟悉行业的细枝末节。垂直式 B2B 交易平台又可以分为两个方向，即上游和下游，生产商可以与上游的供应商之间形成供货关系，如 Dell 公司与上游芯片和主板制造商就是通过这种方式进行合作的；生产商与下游经销商之间可以形成销货关系，如 Cisco 与其分销商之间进行的交易。

当前，国内 B2B 网站很大一部分是从事行业专业的网站，如中国钢铁网（http://www.steelkey.com）、中国化工网（http://china.chemnet.com）、全球五金网（http://www.wjw.cn）、中国钟表网（http://www.chinawatchnet.com）、中国粮油商务网（http://www.fao.com.cn）等。不同行业的 B2B 网站在功能上可能有一定的差别，但从 B2B 电子商务交易模式总体上来说，垂直式 B2B 交易平台都属于"行业专业服务模式"，提供的都是行业专业信息。如全球五金网（见图 3-5），它是五金类 B2B 网站的代表，专注于给五金企业提供网上咨询服务，从而带动商务平台的形成。全球五金网的服务包括三个方面：第一，给企业中高层做培训，与五金企业高层就网络商务达成共识；第二，帮助企业建设网站并推广；第三，吸引企业成为交易平台会员，让它们活跃在平台上，最终帮助企业实现网络生存，逐渐建立与五金企业互信、互助、互荣的关系。

图 3-5　全球五金网首页

电子商务基础

任务实践

一、任务目标

（1）熟悉 B2B 网站的注册流程和注意事项；
（2）熟悉 B2B 网站的运营环境；
（3）掌握 B2B 网站产品发布的流程和注意事项。

二、任务实施

步骤 1：注册阿里巴巴企业用户。

首先，登录 http://www.1688.com，如图 3-6 所示，注册企业用户。

图 3-6　阿里巴巴企业用户注册

然后，登录阿里巴巴卖家中心，查看卖家工作台功能列表，如图 3-7 所示。

图 3-7　阿里巴巴卖家工作台界面

步骤2：选择商品，在供应商品中进行商品的发布，如图3-8所示。

图3-8 阿里巴巴商品发布界面

步骤3：为发布的商品选择类目，如图3-9所示。

图3-9 商品类目选择界面

注意：
● 商品类目的选择是否准确直接关系到商品的推广，因此在选择类目时一定要将商品的属性确认好，再进行类目的划分。

步骤4：填写商品信息，如图3-10、图3-11所示。

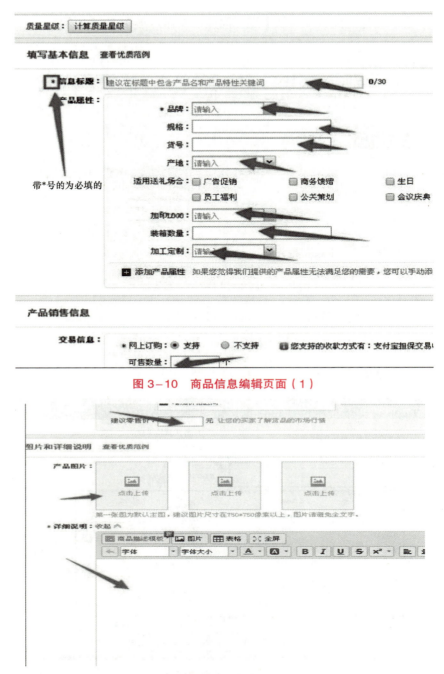

图 3-10 商品信息编辑页面（1）

图 3-11 商品信息编辑页面（2）

（1）填写商品信息标题，商品标题限制在 30 个汉字之内。在填写商品标题时要注意包含产品的核心词、属性词等可以提高商品排名的词。

（2）填写产品品牌、规格、货号、产地、适用场景、加印 LOGO、装箱数量和加工定制等产品属性信息。

（3）在产品交易信息中填写交易形式、可售数量、建议售价、产品图片和详细说明。

注意：

● 产品的图片要符合网站的要求，特别是商品的主图中避免出现文字等易于影响商品本身的因素。

● 商品的详细说明要避免只有文字的情况，商品的详细信息要用图片结合文字的表现方式。

步骤5：商品特色服务填写，如图3-12所示。

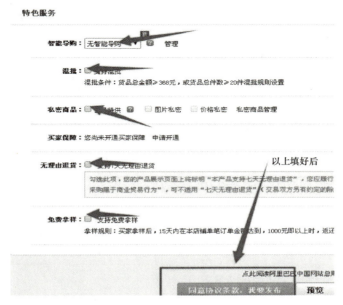

图3-12　特色服务填写页面

在特色服务中可以选择是否需要"智能导购"、混批选择，是否为私密商品、买家保障、无理由退货，是否支持免费拿样等选项。

在设置好之后，选择"同意协议条款，我要发布"，即可实现商品的发布。

步骤6：返回供应商品页面，查看销售中的商品，如图3-13所示。

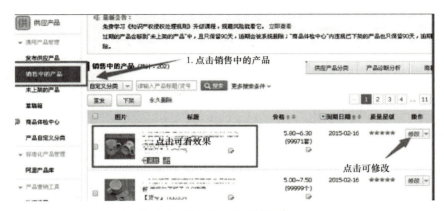

图3-13　供应商品查看销售产品页面

发布商品后返回到"供应商品"页面点击"销售中的产品"便可以看到刚才编辑的产品,如果不满意点击"修改"即可。

注意:
- 发布商品只有开通旺铺的才可以,每个注册的普通会员不能在上面发布商品。

三、任务总结

在本次实践任务中,需要掌握的是 B2B 电子商务网站注册、运营、推广等阶段的流程与注意事项。通过学习,总结整理实施过程中遇到的问题,讨论、整理出解决方案并完成下面的知识及技能总结表格(见表3-1)。

表 3-1　知识及技能总结

班级:		姓名:		学号:		完成时间:	
任务名称:			组长签字:		教师签字:		
类别		索引		学生总结		教师点评	
知识点		B2B 概念					
		B2B 电子商务分类					
		B2B 电子商务的优势					
		B2B 电子商务交易平台的类型					
技能点		1688 企业用户注册					
		了解 1688 卖家中心功能					
		产品发布					
操作总结		操作流程					
		注意事项					
反思							

任务 3-2　B2C 网站运营

知识储备

一、B2C 电子商务网站含义

（一）概念

B2C（Business to Consumer）电子商务是指以互联网为主要手段，由商家或企业通过网站向消费者提供商品和服务的一种商务模式。在目前的 B2C 网站中，不仅有商品种类齐全的综合类网上购物商场，还出现了许多只销售某类产品的网上专卖店，如专门销售 IT 产品的"中关村在线"。

（二）主要模式

1. 无形产品和劳务的电子商务模式

无形产品和劳务的电子商务模式主要有网上订阅模式、付费浏览模式、广告支持模式和网上赠予模式。

网上订阅模式是指企业通过网页向消费者提供网上直接订阅、消费者直接浏览信息的电子商务模式。该模式主要被商业在线机构用来销售报纸、杂志、有线电视节目等。

付费浏览模式是指企业通过网页向消费者提供计次收费性网上信息浏览和信息下载的电子商务模式，如万方数据等网上专业数据库一直就是提供付费订阅的。

广告支持模式是指企业免费向消费者或用户提供信息在线服务，而营业活动全部由广告收入支持的电子商务模式。该模式是目前最成功的电子商务模式之一。

网上赠予模式是指企业借助于互联网用户遍及全球的优势，向互联网用户赠送软件产品，以扩大企业的知名度和市场份额的电子商务模式。

2. 实物商品的电子商务模式

实物商品是指传统的有形商品。这种商品的交付不是通过计算机的信息载体，而是通过传统的方式实现的。

目前在线销售实物商品主要有两种方式：网上超市和网上商城。网上超市是指网上设立的独立的虚拟店铺，有自己的采购和物流、仓储系统，有足够的能力从上游供应商拿到低价商品，甚至可向供应商定制产品；网上商城类似于现实中的百货商城，是让无数中小企业方便"集中"上网卖东西的地方，如京东商城等。

3. 综合模式

综合模式是指将各种模式结合起来实施的电子商务模式。如 Golf Web 是一家有 3 500 页有关高尔夫球信息的网站，40%大数据、云计算等高新信息技术的收入来自订阅费和服务费，35%的收入来自广告，25%的收入则是该网站专业零售店的销售收入。

4. 新零售商业模式

2016年马云首次提出新零售概念，2017年被称为新零售元年。新零售是以用户为中心，在大数据、云计算等高新信息技术驱动下，建立在可塑化、智能化和协同化的基础设施上，依托新供应链，打通中央云仓＋体验店＋客户端，整合行业资源，打造"四位一体"的多元化新零售商业闭环，实现线上线下深度融合，重构商家与消费者之间的关系，实现"全场景、全客群、全数据、全渠道、全时段、全体验、全品类、全链路"的零售新模式。新零售与供给侧改革、虚实结合以及消费升级等大背景密切相关。在新零售模式下，实体零售与电子商务的商业形态不再对立，线上线下融合发展将是中国电子商务发展的新常态。

（1）消费体验化。过去数十年，供给方或渠道方在市场中的主导地位在历次变革中固若金汤，但现在话语权逐渐转移到了消费者手中。消费者越来越站到了商业活动的中心，成为市场的主导方，中国开始真正进入消费者时代。"80后""90后""00后"正成为中国市场的核心消费群体，新一代消费者自我意识更强，而消费态度和行为也更加个性化，他们更重视购物过程体验。在所有的产品高度同质化的今天，最后胜出的决定性要素其实是用户体验。好的用户体验应该从细节开始，并能够让用户有清晰的感知，这种感知要超出用户预期，给用户带来惊喜，贯穿品牌与消费者沟通的整个链条。体验经济与传统工业经济最大的区别在于，消费者从被动的价值接受者，转为积极参与价值创造的各个环节，成为创造独特体验的共创者。以企业为中心的价值创造思维转向企业与消费者共同创造价值的思维，美特斯邦威提出了"生活体验店＋美邦App"的O2O模式，并在全国推出了6家体验店。生活体验店模式是指品牌商在优质商圈建立生活体验店，为到店消费者提供Wi-Fi、平板电脑、咖啡等更便利的生活服务和消费体验。体验店期望通过提供的舒适上网服务将消费者留在店内。用户可以边喝咖啡边登录商家的App购买商品，也可在App下单后选择送货上门，以此实现线下向线上导流量。

首先，企业会根据场景设计功能，强化用户体验。比如银泰下沙店实行线上线下同步购物。购物者在结束购物后不需要排队结账，只需扫描商品上的二维码，用支付宝完成支付即可。2天后货物会从原产地直接送到家门口，当然，消费者也可以选择当天直接在商场提货回家。

其次，产品体验不足时，企业会建立适当的服务场景打动消费者。通过场景来打动消费者的购买欲望，激发消费者的共鸣，促进相关产品和服务的销售。从2016年开始，"三只松鼠"开始了新零售策略。而其主打的方向，就是从零售起步，然后利用其自带IP的品牌"三只松鼠"来主打周边的产品，如抱枕、玩偶等。不仅如此，"三只松鼠"还玩起了动画片和电影，如果说投资动画片、电影等还只是单点布局，那么"三只松鼠"正在筹划的松鼠城，无疑承载着该公司的文化梦想。这是一个以松鼠IP为核心的新型商业业态，介于商业综合体、主题公园之间，是一个开放的城市公园。

（2）经营数字化，管理智能化。新零售的产生本身就是移动互联网、物联网和大数据等技术日益成熟的结果。基于技术，可以改进零售业的运营和物流系统，让用户感受精准的电商界面推送、快速的物流配送等服务；通过新技术在零售终端、物流环节的应用，可以产生有价值的数据，而对海量的数据进行收集、测算以及分析可以帮助企业有针对性地进行店铺运营和消费者管理。随着人工智能、AR/VR、生物识别、图像识别、机器人等技术渐趋成熟，部分领先的零售企业将不断应用最新的科技，提升消费者的全程体验，把零售环节中涉及的行为、资产、关系、产品等数字化，进行更加精准的消费者定位，以提升运营效率降低运管成本，使端对端的零售成为现实。日本的 7-11 将上下游的碎片化资产进行对接的工作，就是通过大数据分析每个店所在地区和商圈的顾客需求，进行个性化的供需配对和个性化推荐。

（3）销售全渠道化。传统的零售业以顾客的单渠道购物为主，互联网出现后，多渠道购物开始盛行。社会化媒体出现后，开始了跨渠道购物的尝试；移动社会化媒体普及后，人类进入了全渠道购物阶段。从零售商的角度来看，全渠道就是在多渠道的基础上，对各个渠道进行整合，使各个前台、后台的系统实现一体化，为客户提供一种无缝化体验。新零售就是要打通线上和线下渠道。传统线下品牌通过电商平台、App、微信小程序等实现线上销售，阿里、京东等大型电商平台，通过投资收购，布局线下零售，同时，利用自身的技术对线下零售进行改造，打造全渠道、全互联网的新零售生态；小米之家通过线上的影响力，把线上的流量以及大型商超的自然流量导入线下的小米之家门店中，然后在门店中以多品类的小米系列产品来吸引消费者，在增强消费者用户体验的同时，使其能够购买不同品类的小米产品，从而增加销量。

（4）流量社区化。在场地租金攀升、企业利润下降的大环境下，门店越开越小已成为中国实体零售不可阻挡的发展趋势，便利店、精品超市、社区型购物中心等社区商业将成为零售企业寻求转型升级的重要方向，伴随中国社区零售整合、全渠道发展进程逐步加快，投资成本低、成熟周期短的社区零售必将成为支撑行业发展的重要推手。从长期发展来看，"小而美"的社区化零售业态将更符合新形势下消费市场的客观需求。社区作为线下主要流量入口的作用将愈发重要。

（5）供应链智能化、柔性化。传统的供应链是层级式的，低效复杂。到了纯电商的供应链阶段，虽然是点对点的，但线上线下却是分离的。新零售将重构供应链，物流体系在大数据调配下，能预判当地的提前库存量，大幅度提升效率。以中商惠民的简介为例，这种模式要做的是：以全国社区超市（便利店）为基础，依托互联网整合社区实体店资源，创造性地提出虚拟和实体相结合的社区 O2O 发展模式，旨在建立一个覆盖全国的社区电子商务服务平台、城镇化微物流平台和社区便民综合服务平台。一方面，通过对渠道资源的整合和产品升级，推动渠道扁平化发展，构建基于 B 端和 C 端的社区电商服务，将传统的社区超市（小卖部）改造升级为现代社区商务服务的平台。另一方面，通过最大化挖掘社区实体店的资源价值，利用互联网的平台和技术优势，拓展和提升社区服务能力和盈利能力，延伸价值服务，成为社区居民便利消费的入口。

（6）制造数据化。新零售时代通过数据驱动制造，表现为数据倒逼产能配置、数据驱动即时定制、数据打通产业链。美的以前是典型的工业化制造企业，多年来美的洗碗机在国内的市场都不足 1%。2015 年阿里和美的合作，阿里通过大数据分析判断洗碗机市场将爆发，帮助美的培育市场，生产定制款的洗碗机，2016 年一年时间美的洗碗机销量增长了 1 900%。亿滋联合天猫曾经举行过一个特别定制奥利奥音乐盒的活动，用户进行个性化选择后点击"开始定制"，从用户下单那一刻起就开始生产，省略了所有中间环节，从下单到收货时间可以压缩到 7 天。

二、B2C 的表现形式

（一）门户网站

门户网站是指通过某类综合性互联网信息资源提供有关信息服务的应用系统。在全球范围内，最著名的门户网站是谷歌和雅虎；而在中国，最著名的门户网站有众所周知的四大门户网站——新浪、网易、搜狐、腾讯，其他如百度、新华网、人民网、凤凰网等也较为著名。

（二）电子零售商

电子零售商，即在线的零售店。电子零售商是主要的 B2C 模式之一。

（三）内容提供商

内容提供商是通过信息中介商向最终消费者提供信息、数字产品、服务等内容，或直接给专门信息需求者提供定制信息的信息生产商。国内知名内容提供商有新浪、搜狐、163 等。

（四）服务提供商

服务提供商主要为用户提供网络交易及电子商务活动的相关性服务，如商务信息、支付、物流及为企业建立电子商务系统提供全面支持服务，包括信息服务提供商、交易服务提供商、综合服务提供商。

（五）交易中介商

交易中介商是以网络为基础，在电子商务市场中提供中介服务，帮助买卖双方促成交易的新型中间商。其盈利模式为交易费、会员费、广告费等。

（六）社区服务商

社区服务商通过创建数字化在线环境的网站，让有相似兴趣、经历以及需求的人们在社区中交易、交流以及相互共享信息。其盈利模式为获得销售收入、加盟费，收取交易费用（拍卖）、广告费、会员费等。

三、B2C 电子商务业务的参与者

B2C 电子商务业务的参与者主要有网络零售商、顾客、商品供应商、银行、物流服务提供商。

（一）网络零售商

企业通过在互联网上建立 Web 站点在线销售商品和服务，这些 Web 站点就称为网上商店，这类企业也称为网络零售商。网络零售商在 B2C 电子商务业务流程中占据核心位置。对网络零售商来说，与业务流程中的每一个合作者建业稳固的关系十分重要。网络零售商只有与合作者一起创建整个业务流程，并严格管理每一个结合点，才能确保企业电子商务业务的流畅运行。

（二）商品供应商

在 B2C 电子商务业务流程的每个阶段，网络零售商都可能需要供应商的紧密合作，例如，在顾客选购阶段，网络零售商需要供应商根据顾客的需要提供按订单制造的产品，还需要和供应商合作共同开发具有竞争力的产品。与供应商建立良好的合作关系，能给网络零售商带来巨大的竞争优势。

（三）银行

电子商务离不开资金流，在任何情况下，资金的支付、清算都是完成和实现电子商务的重要一环。电子商务的发展要求商家和消费者的开户银行提供资金支付支持，有效地实现支付手段的电子化和网络化。在网上商品订单完成后，网上银行按合同，依照所提供的业务单位完成资金的网上支付、清算。这一阶段不仅运行机制复杂，而且对技术、标准、法律、法规等各方面都提出了很高的要求，是整个网上商品交易中关键的一环，是电子商务活动实现最终目的的重要保证，可以说，B2C 电子商务的交易与银行有着不可分割的联系。

（四）物流服务提供商

在 B2C 电子商务模式中，B2C 电子商务企业除了在一定区域内建立自己的物流配送中心外，更多的是和专门的物流公司合作，将货物送到顾客的手中。B2C 电子商务企业要想和物流公司合作，首先需要建立起先进的自动订货处理和发货流程管理系统。物流公司将物流信息管理系统与企业的电子商务系统连接在一起，一旦物流公司给出商品的包裹号码，B2C 电子商务企业就可以利用这一号码跟踪商品的运送过程，获得详细的商品运送网上记录。顾客可以通过访问网上商店，随时检查所订购商品的送货情况。随着网上购物的不断发展，网络零售商只有和物流服务提供商进行有效合作，才能避免出现物流瓶颈问题。

四、B2C 电子商务交易的一般流程

B2C 电子商务的基本业务形式主要有商家进行网络商品直销和通过电子交易市场进行交易两种，其业务流程具体如下。

（一）网络商品直销的业务流程

网络商品直销是指消费者和生产者或商家直接利用网络形式开展的买卖活动。这种交易的最大特点是供需方之间直接联系，减少中间环节，速度快，费用低。

网络商品直销过程分为以下几个步骤：

（1）消费者注册并登录在线商店网站；

（2）消费者搜索选购商品并下订单，通过购物对话框填写姓名、地址、商品品种、规格、数量、价格等订单信息；

（3）消费者选择支付方式，如信用卡（也可选用借记卡、电子货币或电子支票等）；

（4）在线商店的客户服务器检查支付方服务器，确认支付是否成功；

（5）确认付款成功后，厂家通过物流中心配送发货给消费者；

（6）确认收货后，信用卡公司与厂家开户行之间完成资金转账，购物完成。

这种网络商品直销方式有效减少了交易环节，降低了交易成本，从而降低了消费者所购得的商品的最终价格；同时，提高了厂家的销售利润，增强了其产品在同类产品中的竞争力。当然，网络商品直销模式也有其不足之处，主要表现在产品实物与网络广告宣传的产品不符、交易安全等方面。为确保交易过程中的安全，需要权威认证机构在网络上对交易双方进行身份认证。这一般由 CA 中心来完成。

(二)通过电子交易市场进行的 B2C 交易的业务流程

电子交易市场又称网络商品交易中心,它以互联网为基础,利用先进的通信技术和计算机软件技术,将商品、消费者和银行紧密地联系起来,为消费者提供市场信息、商品交易、仓储配送、货款结算等服务。B2C 的电子交易市场交易,即通过电子交易市场建立起产品生产厂商与消费者之间的购物平台,从产品的生产厂商处进货后,将产品直接销售给最终消费者。

通过电子交易市场所进行的交易流程可分为如下几步:

(1) 买卖双方将各自的供应和需求信息通过网络通知网络商品交易中心,网络商品交易中心通过信息发布服务,向参与者提供大量的、详细的交易数据和市场信息。

(2) 买卖双方根据网络商品交易中心提供的信息,选择自己的贸易合作伙伴,网络商品交易中心从中撮合,促成双方交易。

(3) 买方在网络商品交易中心按市场支持的支付方式办理支付手续;银行通知网络商品交易中心买方货款已到账。

(4) 网络商品交易中心通知卖方将货物发送到离买方最近的配送部门,配送部门送货给买方。

(5) 买方验证货物后通知网络商品交易中心货物已收到,网络商品交易中心通知银行买方收到货物。

(6) 银行将买方货款转交卖方;卖方将回执送交银行。至此,交易结束。

任务实践

一、任务目标

掌握 B2C 网站运营环境；
掌握 B2C 网站后台功能模块的构成；
掌握 B2C 网站商品发布的流程和注意事项。

二、任务实施

步骤 1：安装网站运营的环境。

（1）系统应为 WinXP/Win7 以上，安装 IIS（Internet Information Services，互联网信息服务）。ASP 工具必须同时安装上。如果没有 IIS，也可以直接利用 ASP 调试工具模拟环境，如图 3-14 所示。

图 3-14　IIS 界面

（2）解压乐度 B2C 网上商城源代码程序到移动磁盘，通过 IIS 进行主目录设置，如图 3-15 所示。

（3）在 IE 地址栏输入 http://localhost/admin/index.asp 即可进入登录界面，如图 3-16 所示。登录名与密码都是"lodoeshop"，进入商城后台管理页面，如图 3-17 所示。

步骤 2：乐度商城后台相关内容设置。

（1）网站设置。在网站设置中可以对网站的基本信息进行设置，包括网站的名称、LOGO、所有者信息等；还可在该模块中进行邮件管理、支付管理、配送管理以及网站开关等内容的设定。

（2）会员管理。会员管理包括会员级别的设定、会员短信的发送等功能。

（3）订单管理。订单管理中查看未完成订单、已付款订单，对已收货订单进行归档处理。

（4）广告管理。查看变换广告、飘浮广告、首页广告、扩展广告等广告的内容，并在前台找到以上广告的位置。

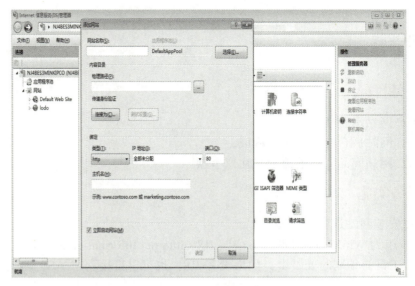

图 3-15　IIS 主目录设置页面

图 3-16　乐度商城登录界面

图 3-17　乐度商城后台管理页面

（5）文章管理。进行网站新闻的编辑与发布，发布网站快讯，并在网站的前台页面进行查看。

步骤 3：进行 B2C 商城商品发布。

（1）以小组为单位，选定一类商品之后，在商品管理中进行商品分类操作，如图 3-18 所示。

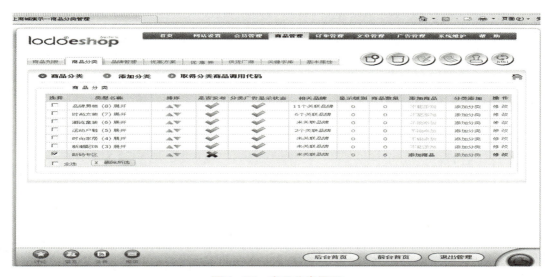

图 3-18　商品分类界面

（2）添加具体商品，进入添加商品信息页面，如图 3-19～图 3-22 所示。

图 3-19　商品信息添加界面（1）

图 3-20 商品信息添加界面（2）

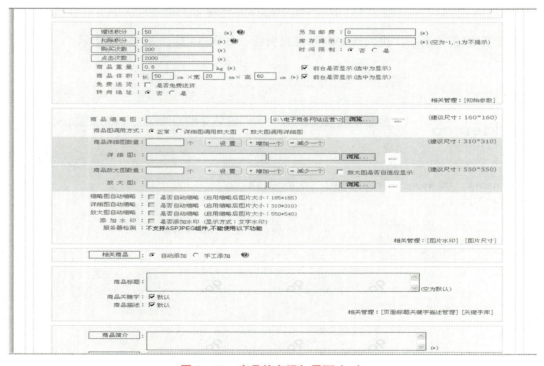

图 3-21 商品信息添加界面（3）

图 3-22 商品信息添加界面（4）

注意：

商品信息的添加过程涉及的内容比较多，但是为了保证前台的商品详情页效果，后台在处理时要尽可能地完整与完善。

商品的图片要保证清晰，要符合网站的要求。

商品的介绍部分要用图片，避免纯文字的商品介绍。

（3）在后台商品列表中查看新添加的商品信息。

（4）登录商城前台，对后台添加的商品信息进行查看。

三、任务总结

在本次实践任务中，需要掌握的是 B2C 电子商务网站注册、运营等阶段的流程与注意事项。通过学习，总结整理实施过程中遇到的问题，讨论、整理出解决方案并完成下面的知识及技能总结表格（见表 3-2）。

表 3-2　知识及技能总结

班级：		姓名：	学号：	完成时间：
任务名称：		组长签字：	教师签字：	
类别	索引		学生总结	教师点评
知识点	B2C 概念			
	B2C 电子商务的主要模式			
	B2C 电子商务的表现形式			
	B2C 电子商务的主要参与者			
	B2C 电子商务的交易流程			
技能点	B2C 网站运营环境设置			
	B2C 网上商城模块操作			
	B2C 网上商城商品发布			
操作总结	操作流程			
	注意事项			
反思				

任务 3-3　C2C 网站运营

 知识储备

一、C2C 电子商务的概念

C2C（Customer to Customer），即消费者与消费者之间的电子商务。通过互联网，消费者之间也可以互相买卖商品，特点是消费者与消费者之间可以讨价还价。例如，网上拍卖网站、全球性在线竞价交易网站每天均可提供上万件在线商品供用户竞价。C2C 电子商务交易平台的成功之处在于它正确的市场定位，网站可以是多客户类型、多交易类型、多拍卖类型，以各种网上拍卖的方式运营。网站通过提供交易平台和相关服务，收取交易佣金。

二、C2C 电子商务的主要利润来源

（一）交易手续费

交易平台向交易成功的双方收取占交易额相对比例的佣金。例如，拼多多的收费政策便在此处得以体现。

（二）增值服务费

网站为提高用户满意度，满足用户个性化服务的要求，可以向用户提供基本服务以外的特色服务，并从中收取一定比例的佣金，这称为增值服务费。目前此种收费模式在 C2C 网站得到广泛应用，如店铺管理增值服务、卖家推广服务、网站主页广告服务、个性化广告推广增值服务等，比如淘宝直通车、店铺装修等。

（三）广告费

网站向有关行业出售一定版面作为广告的展示平台并收取佣金，这也是互联网企业最稳定的收入来源。

三、C2C 电子商务交易平台的经营模式

C2C 网站的主要经营模式就是网上拍卖，目前国内外拍卖网站采用的交易方式主要有网络英式拍卖、网络荷兰式拍卖、集体议价、逢低买进、标价求购和一口价等几种。

（一）网上拍卖的概念

网上拍卖指网络服务商利用互联网通信传输技术，向商品所有者或某些权益所有人提供有偿或无偿使用的互联网技术平台，让商品所有者或某些权益所有人在其平台上独立开展以竞价、议价方式为主的在线交易模式。

（二）网上拍卖交易方式

目前在互联网上出现的网上拍卖交易方式中，有一些是从传统拍卖中的某些交易方式演变而来，另一些是针对互联网本身的特点和消费者的喜好而出现的新的交易方式。这些

交易方式主要有以下几种：

1. 网络英式拍卖

英式拍卖（English Auction），也称为"公开拍卖"或"增价拍卖"，是传统拍卖中最常见的拍卖方式。这种拍卖方式被网上拍卖所采用，成为网上拍卖中最基本、最常见的在线交易方式。网络英式拍卖采用的是正向竞价形式，拍卖的规则是最后一位出价人的出价要比前一位的高，竞价截止时的最高出价者可获得竞价商品的排他购买权。买方可以通过浏览历史价格（当前其他买家的出价）决定自己对物品的最高报价，然后提供给系统，系统自动更新后，其所出的价格和历史价格就可以显示在网页上。

2. 网络荷兰式拍卖

荷兰式拍卖（Dutch Auction）是一种公开的减价拍卖，又称"出价渐降式拍卖"。网络荷兰式拍卖针对的是一个卖家有大量相同的物品要出售的情况，采用的是逆向竞价形式。网络荷兰式拍卖不存在价格下降的情况，一般是到竞价截止时间时，出价最高者获得他所需要的数量，如果物品还有剩余，就由出价第二高的人购买。网络荷兰式拍卖的原则是价高者优先获得商品，相同价格先出价者先得，成交价格是最低成功出价的金额。

3. 集体议价

集体议价是一种不同于传统拍卖的网上拍卖类型，集体议价多采用 C2B 的形式，并无竞价过程，提供集体议价的网站会将物品的基础价格（初始价）公布，由众多买家构成一个庞大的购物集团，然后根据卖方在登录物品前登记的表格中所标明的不同数量、等级的物品的单价进行购买，买家人数越多，价格越低，但通常会有一个最低价（即集合底价）。集体议价实质上更像网站替一批不认识的人去批发购买他们想要的商品。

4. 逢低买进

逢低买进也是不同于传统拍卖的一种交易形式，买家可以暂不投标加入，而是根据商品的价格曲线，选一个自己认可的价格段，一旦价格降到此价格段上，系统会发送通知，告诉买家目前集合的人数已达到他所期望的价位，并将他自动加入购买集体，逢低买进与集体议价的显著不同在于，消费者加入竞买时尚未取得购买资格，能否取得购买资格也是不确定的。

5. 标价求购（反拍卖）

标价求购（反拍卖）是由卖方出价，卖方成为"买方"，其竞争的是向消费者提供服务的机会，反拍卖具体指消费者可以提供自己所需的产品、服务需求和价格定位等相关信息，由商家之间以竞争方式决定最终产品、服务供应商，从而使消费者以最优的性能价格比实现购买。

6. 一口价

一口价指在交易前卖家预先确定一个固定的价格，让买家没有讨价还价的余地。交易完成后，买家根据卖家预先设定好的价格（即一口价）进行付款。如果卖家出售数量是大于 1 的多数商品，则交易将持续到买家以一口价购完全部商品或在线时间（竞价截止时间）结束。一般在网上拍卖的实际运用中，一口价的买卖方式可以单独使用，也可以结合其他交易类型（如网络英式拍卖）一起使用。

（三）拍卖网站类型

由于网上拍卖的交易活动本身与《中华人民共和国拍卖法》（以下简称《拍卖法》）中

对拍卖活动所作的规定有很大的区别，因此，网上拍卖在拍卖标的、拍卖程序、交易类型、交易场所、竞价时间、拍卖方式、交易成本、中介机构的服务以及法律责任等方面与传统拍卖活动都有很大的区别，因此，根据网站所组织的拍卖活动是否符合《拍卖法》又可以将拍卖网站分为两类：一类是符合《拍卖法》的专业拍卖网站，另一类是不符合《拍卖法》的网上竞价买卖型网站。

1. 专业拍卖网站

此类网站的经营者是有拍卖企业执照的企业，具有《拍卖法》所规定的拍卖人资格，由经验丰富的拍卖师严格按拍卖规则主持网上拍卖活动。中国拍卖网（http://www.paiorg.com，见图3-23）、雅昌拍卖网（https://auction.artron.net）都是取得拍卖法人资格的网站。

图3-23 中国拍卖网

2. 网上竞价买卖型网站

此类网站的经营者没有相应的拍卖资质，多是一些互联网企业，经营目标是为买卖双方搭建一个信息交流平台，并促成买卖双方的在线交易，其拍卖服务主要采用C2C或B2B模式，如京东拍卖（见图3-24）和阿里拍卖（见图3-25）中的竞价买卖部分、转转App中的拍卖等。另外，还有一些网站是互联网企业和传统拍卖企业联合推出的。

图3-24 京东拍卖首页

图 3-25　阿里拍卖首页

网上竞价买卖型网站虽然也采用公开竞价机制进行商品交易，但是没有专业拍卖师，竞拍活动均由电脑程序自动完成。另外，国内多数网上竞价买卖网站都是给众多个体提供一个虚拟店铺空间，并借助网站的聚集效应吸引大量个体消费者网上购物，其中转转 App 是一个网上二手商品交易 App。转转上面的降价拍卖，是通过降价拍卖方式进行商品销售，吸引消费者购买，即商品从原价开始，匀速降价，直至单个商品价格下降至保留价，在降价过程中，消费者可以随时点击"马上抢"，将价格停止并以当前价格支付购买商品。

四、C2C 电子商务交易的一般流程

（一）一口价交易流程

（1）登录 C2C 网站，注册会员。
（2）卖家用一口价的方式发布多个商品，然后上架。
（3）买家进入系统后，搜索自己所需的产品，并浏览该商品，选择一口价的商品后，立刻购买。然后通过支付平台付款，但在付款时需注意该支付平台账户必须有足够的钱。
（4）卖家在买家下订单后发货，找到买家购买商品的订单，选择合适的物流公司进行发货——可以选择网站推荐的物流公司、自己联系物流公司、不需要物流公司三种方式进行发货。
（5）买家确认收货。买家输入支付平台支付密码确认收货，这样一口价的交易就完成了。
（6）交易完成后进行评价。

（二）拍卖流程

（1）登录 C2C 拍卖网站，注册会员。
（2）经过拍卖网站认证，成为拍卖方后，可上传所要拍卖的商品。
（3）买家查看拍卖的商品。拍卖分为单拍和多拍。单拍即多人竞拍一个商品，最后谁的价格高，谁将获得商品。多拍即荷兰式拍卖，指拍卖标的竞价由高到低依次递减直到第一个竞买人应价（达到或超过底价）时击槌成交的一种拍卖。
（4）买家出价。
（5）买家付款，卖家发货，买家确认收货。

任务实践

一、任务目标

（1）掌握 C2C 网站的网店注册流程及注意事项；
（2）掌握 C2C 网站的网店商品上架流程；
（3）了解 C2C 网站的商品推广方法及操作流程。

二、任务实施

步骤 1：用户注册。

（1）登录淘宝网首页（www.taobao.com）或下载手机淘宝 App，选择会员注册，输入本人手机号并进行验证，按步骤要求填写账号相关信息，设置支付方式即可注册，已注册淘宝网会员的可以直接登录，如图 3-26 所示。

图 3-26 淘宝会员注册

（2）创建店铺。点击创建个人店铺，之后会弹出店铺开通须知界面，阅读开店须知，如图 3-27、图 3-28 所示。

图 3-27 创建个人店铺界面

图 3-28 创建个人店铺须知界面

（3）进行买家支付实名认证。在开通淘宝店铺前需要进行卖家支付实名认证，认证界面如图 3-29 所示，点击"立即认证"。在进行支付实名认证之前要先绑定个人支付宝账号。

图 3-29 店铺卖家支付实名认证界面

（4）淘宝卖家身份认证。在支付实名认证之后，需要进行淘宝店铺卖家身份认证，身份认证的界面如图 3-30 所示。点击"立即认证"，弹出手机认证界面，如图 3-31 所示。手机认证环节需要填写手机号、填写地址信息和认证个人身份证件相片。

图 3-30 淘宝卖家身份认证界面

图 3-31　手机认证界面

（5）创建店铺。认证成功之后会弹出通过认证界面，如图 3-32 所示。在该界面中点击"创建店铺"，阅读四大协议条款，之后即可进入店铺开通成功界面，如图 3-33 所示，进行店铺管理的相关操作。

图 3-32　通过认证界面

图 3-33　店铺开通成功界面

步骤2：店铺商品上架。

在淘宝个人店铺后台管理界面中点击"发布宝贝"，即可进入商品上架界面，如图3-34所示。在该界面中选择一口价发布，之后在分类中选择商品所属的分类，即可添加商品信息。商品信息的填写如图3-35、图3-36、图3-37和图3-38所示。

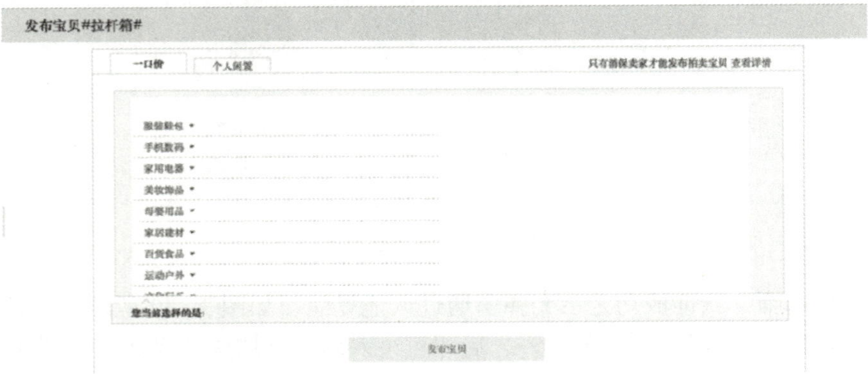

图3-34　选择宝贝分类界面

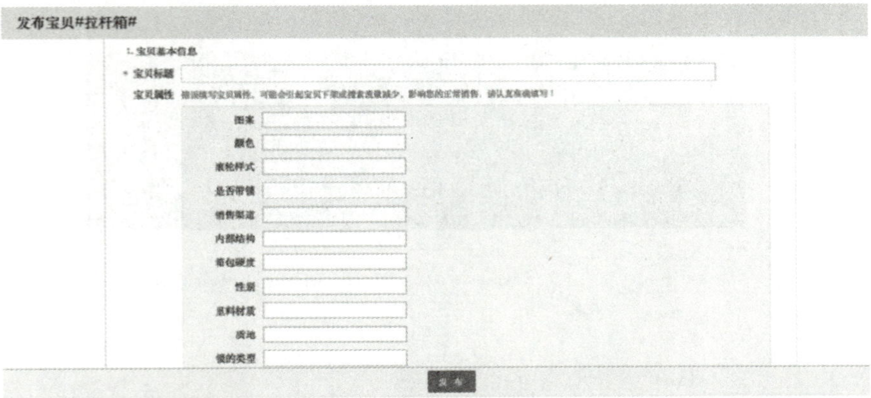

图3-35　商品信息编辑页面（1）

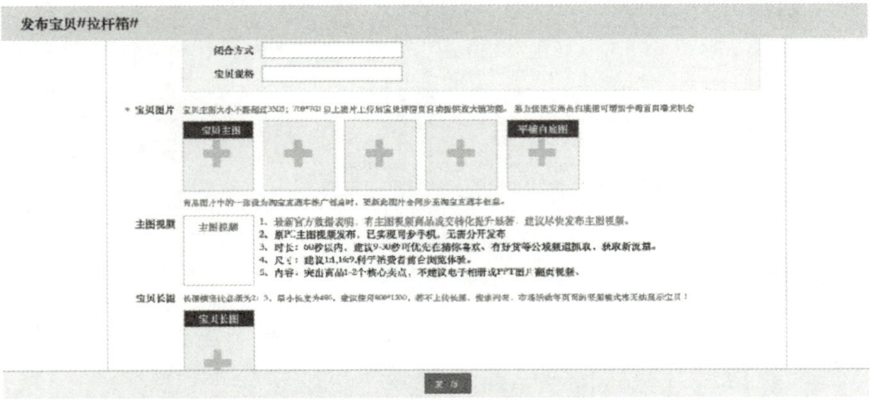

图3-36　商品信息编辑页面（2）

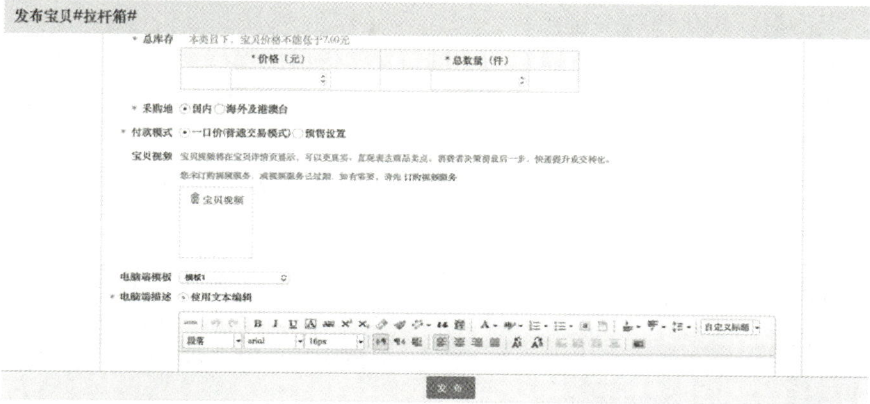

图 3-37　商品信息编辑页面（3）

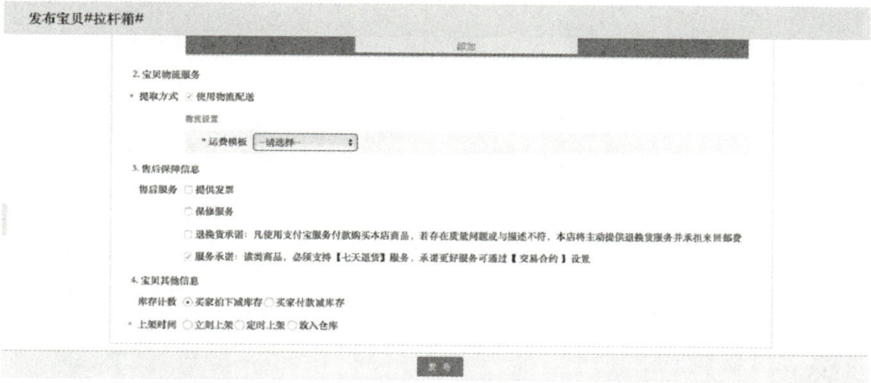

图 3-38　商品信息编辑页面（4）

注意：
- 商品的标题要包含核心词、品牌词、营销词，有必要包含部分提高搜索排名的长尾词；
- 商品的主图添加要符合淘宝商品主图的要求，最后要上传一张白底主图；
- 为了提高商品详情页的质量，可以录制主图视频；
- 商品的描述，要通过制作商品详情页上传，避免纯文字编辑。

步骤 3：商品推广。

淘宝平台提供的推广方式包括"直通车"和"钻石展位"，均为收费推广。这里我们只进行商品的直通车推广。

（1）打开直通车，在直通车中新建推广计划，如图 3-39 所示。在推广计划名称中输入计划名称，然后选择标准计划，智能计划是系统提供的，但是效果不如标准计划好。

（2）设置直通车限额。整个店铺的直通车推广要先进行预算，之后在预算的限额内为每个计划分配限额。设置限额如图 3-40 所示。

（3）新建推广单元，如图 3-41 所示。在每个推广计划下，可以建多个推广单元，每个推广单元里有不同的商品。点击"新建推广单元"。

（4）添加创意和关键词，如图 3-42 所示。关键词的选择会影响商品的搜索排名，影响展现量、点击量、转化率等关键指标。

（5）关键词出价。关键词是直通车的关键所在，价格出得合理与否直接影响直通车的效果，价格出得太低会导致商品搜索不到，价格出得太高，钱花得太快，达不到转化效果。因此，关键词出价要参考市场平均价给出。

（6）结束直通车推广。当设置好关键词出价之后即完成了直通车推广，在淘宝的后台可以随时对直通车的效果进行查看。

图 3-39　直通车推广计划新建界面

图 3-40　直通车计划设置限额界面

图 3-41　新建推广单元界面

项目三　电子商务运营　79

图 3-42　关键词创意添加界面

三、任务总结

在本次实践任务中，需要掌握的是 CB2C 电子商务网站注册、商品上传、推广等阶段的流程与注意事项。通过学习，总结整理实施过程中遇到的问题，讨论、整理出解决方案并完成下面的知识及技能总结表格（见表 3-3）。

表 3-3　知识及技能总结

班级：		姓名：		学号：		完成时间：
任务名称：			组长签字：		教师签字：	
类别	索引			学生总结		教师点评
知识点	C2C 概念					
	C2C 电子商务主要利润来源					
	C2C 电子商务交易平台的经营模式					
	C2C 电子商务交易的一般流程					
技能点	网店注册					
	网店商品上架					
	商品推广					
操作总结	操作流程					
	注意事项					
反思						

项目四

网站管理与营销

 学习目标

知识目标

- 了解网站策划设计的方法
- 熟悉网站设计的流程、网站设置的基本流程和网络营销推广的基本流程
- 掌握网站策划的内容
- 掌握域名的定义、一般结构和分类,申请空间的类型和大小,网站发布的方法
- 掌握网络营销的概念与特点,网络营销与传统营销的比较,网络营销策略,网络市场调研的定义、特点、步骤和方法

能力目标

- 能够完成网站的策划与网站的实施
- 能够完成网站域名的注册、网站空间的申请和网站的发布
- 能够完成网上问卷调研(以问卷星平台为例)、E-mail 营销推广、BBS 推广、搜索引擎营销(以百度搜索推广为例)和网络广告推广

素养目标

- 知晓与客户沟通能力以及团队合作的重要性,引导学生认识到操作的规范性对学生今后职业发展的重要意义
- 树立诚实守信、精益求精的职业操守和精神,培养创新意识和国际化视野
- 引导学生认识到在分析问题时要养成具体问题具体分析的良好习惯与意识

思维导图

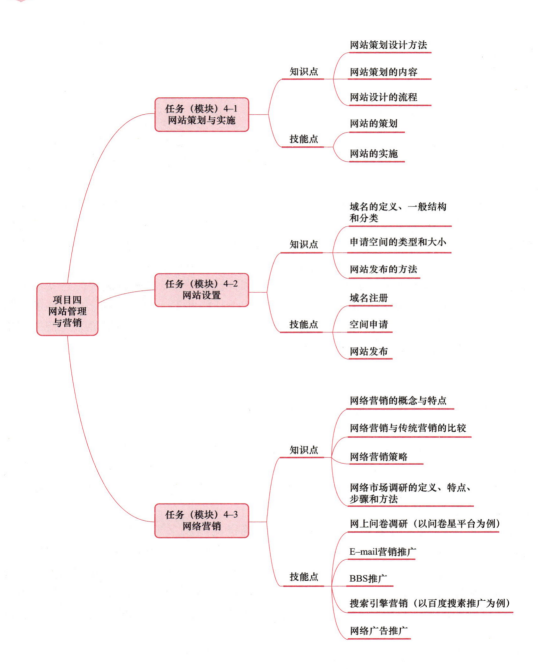

任务 4-1　网站策划与实施

 知识储备

一、网站策划设计方法

网站的策划是网站建设的第一步，它直接关系到网站的功能是否完善、是否够层次和能否达到预定的目标等。网站系统策划设计方法可以分为结构化生命周期法和快速原型法。其中，结构化生命周期法是指将整个计算机信息系统的开发过程，从初始到结束划分成若干个阶段，预先定义好每一个阶段的任务和目标，再按一定的策略与准则完成相应阶段的任务，将整个系统的开发看作一个工程项目，有计划、有步骤地进行，是目前最常用且有效的一种信息系统开发方法。结构化生命周期法要求开发过程只有前一阶段完成之后，才能开始下一阶段的工作，严格按照阶段进行，而且其阶段是不可逆和不可跳跃的。而快速原型法的基本思想是试图改进结构化生命周期法的缺点，在短时间内先定义用户的基本需求，通过强有力的软件环境支持，开发出一个功能并不十分完善的、实验性的、简易的信息系统原型，运用这个原型，结合实际系统，再不断地评价和改进原型，使之逐步完善。它是一种快速、灵活、交互式的软件开发方法。

二、网站策划的内容

网站是否成功与建设网站前的网站策划有着极为重要的关系。网站策划主要从五个方面进行。

第一是网站的市场规划。要明确网站的受众群体是谁，具有什么特点。

第二是网站的目的及功能规划。主要明确建站目标，以及网站实现的基本功能。一般的商业网站应包括五大功能模块：商品检索模块、商品采购模块、订单支付模块、客户服务模块和系统管理模块。

第三是网站的技术方案规划。要根据需求确定网站所采用的数据库系统技术，如Access 数据库系统、SQL Server 数据库系统、Oracle 数据库系统等；确定网站应用的开发技术，如 ASP 技术、ASP.NET 技术、JSP 技术、Java 技术等；确定网站所采用的操作系统平台，如 UNIX 操作系统、Linux 操作系统、Windows NT/2018 Server 操作系统等。还要进行网站空间的选择、系统解决方案的选择、网站维护的选择，考虑网站的安全性、建设网站的费用等。

第四是网站的内容设计规划。内容是网站的血肉，是网站成功的关键所在。否则，无论网页制作得多精美，也不会有多少用户。在进行网站的内容设计规划时，主要从四个方面来进行。

首先是网站的主题定位。即要规划好网站的题材和标题。商业网站是利用网站宣传自

己的产品和品牌形象，业务主要在网上进行，挖掘无限商机。因此主题一般定位在产品宣传、网上销售、网上业务服务、企业文化等方面。

其次是网站的基本内容设计。商业网站的基本内容应主要包括：企业概况、产品相关信息、产品搜索、网上服务（如在线咨询、技术支持等）、定购与销售系统、反馈信息表、联系信息、相关新闻等。

再次是网站的结构设计。网站的结构可以分为两种：网站的物理结构和网站的逻辑结构。网站的物理结构是指网站文件的物理存储结构，体现为网站文件在服务器上的目录结构，一般按照网站的栏目和层次关系来进行设计，结构不应过于复杂，层次也不宜太多。网站的逻辑结构是指页面之间相互连接的拓扑结构。它建立在网站的物理结构之上，但又可以跨越物理结构。网站的逻辑结构一般有三种形式：线性链接结构、树状链接结构、网状链接结构。

最后是网站的整体形象设计。主要包括四个方面的内容：网站的标识（logo）设计、网站的标准色彩设计、网站的标准字体设计、网站的宣传标语设计。其中，网站的标识设计要有创意，让客户看到标识就能联想到网站，比较常用的设计方法主要有三种：第一种是用网站有代表性的人物、动物、花草作为标识设计的蓝本，加以艺术化和卡通化，如 sohu 的卡通狐狸；第二种是用专业型的代表物品进行标识设计，如奔驰汽车的方向盘标识；第三种是用自己网站的英文名字，通过不同字体、字母的变形与组合进行标识设计。对于网站的标准色彩设计，不同的色彩搭配将产生不同的效果。网站的标准色彩设计要能体现网站的形象和其延伸内涵，如肯德基的红色条形，显得很贴切和和谐。网站的标准字体设计是指标识、标题、主菜单所采用的特有字体，应体现独特的风格，如粗仿宋体体现专业，手写体体现亲切随意，等等。一般网页默认字体为宋体。网站的宣传标语设计是指用一句话或一个词语进行高度概括，用来体现网站的精神和目标，类似 Intel 的广告金句——"给你一颗奔腾的心"。

第五是网站管理与维护规划，即网站的建设与以后的管理和维护应如何实现。

根据网站策划的内容，撰写对应的网站策划书，网站策划书一般包括以下九个部分。

① 客户的需求分析。根据对客户的充分调研与分析，提炼他们的真实需求，而且这些需求要经过客户确认，然后以列表的形式进行简要归纳。一旦哪块需求弄错了，它会直接影响到规划方案的说服力。

② 网站的定位分析。根据第一部分，将分析的需求转换为准确的网站定位，用三句话进行精确概括：一句描述网站的核心定位；一句描述网站的建设目标；一句描述网站平台的作用。

③ 网站的整体规划。网站的基本属性：说明网站的域名、网站的版本。网站平台的策划：主要描述网站前台功能与后台管理功能的策划思路、栏目设置以及整体平台的运作流程，具体内容为网站前台/后台系统架构图、网站整体运作流程图、网站前台/后台栏目介绍。网站的开发环境搭建：包括网站页面设计和网站程序开发两个方面，其中网站页面设计主要确定网站的主色调、所采用的技术、界面风格等，而网站程序开发则主要说明网站的运行平台，所用的开发语言、数据库、开发工具等；网站开发运行环境搭建。网站的测试：网站在初步完成后，要对网站进行细致而周密的测试，以保证正常浏览和使用，主

要包括速度的测试、链接正确性测试、交互性测试、网页兼容性测试、服务器稳定性及安全性测试等。网站的推广策划：网站要想获得良好的投资回报，网站的推广非常关键，应充分利用现有资源，根据网站的目标，选择最合适的推广方案，网站的推广方式有网络推广与传统推广两种。网站的维护：站点的维护决定了站点的成功与失败，主要从以下几个方面进行：服务器以及相关软硬件的维护，后台数据库的维护，网站内容的更新，如企业公告、新闻等经常需要更新的信息，制定网站维护的相关规定，以使网站的维护工作制度化、规范化。

④ 网站的实施说明。主要包括项目实施流程、项目小组构成及其职责、沟通流程。

⑤ 网站建设日程表。列出网站实施的详细的计划进度表，说明各项规划任务开始的时间、完成的时间、具体的负责人等。

⑥ 费用明细。列出预算的网站总成本及详细的成本清单。

⑦ 建设基本保障。说明实施团队的实力保障、软件保障、硬件保障等。

⑧ 技术的保密声明。

⑨ 附属资料。主要包括网站的运作模式图，网站的运作流程图，网站的架构图。

三、网站设计的流程

（一）网站设计的基本原则

（1）明确网站内容：一个网页在设计的时候首先应该考虑网站的内容，包括网站功能和用户需求，而不是以漂亮为中心进行设计规划。明确设计网站的目的和用户需求，从而做出切实可行的设计计划。

（2）导航清晰：导航的栏目不要过多，一般 5~9 个比较合适，只需要列出几个主要的页面就可以。如果栏目比较多，尽量采用分级栏目的方式展示出来，这样更直观清晰。

（3）易读性：设计出的网站应该是易于用户浏览的，导航应清晰简洁，返回主页的标识要容易找到，所有的链接要有目标。网页还要符合人们从左到右、从上到下的阅读习惯。对于较长的页面，还应在底部设置一个导航。

（4）页面协调性：网站页面的协调性能够影响整个页面所展示的视觉效果。将整个页面的所有元素都进行合理搭配、统一处理，最后形成一个和谐的整体，这样有利于提高用户体验。

（5）打开速度要快：如果一个网站设计得很漂亮，打开的速度却很慢，也是无意义的。用户好不容易找到了感兴趣的内容，最终却因为迟迟打不开而放弃，这也是很多网站存在的问题。

（6）注意网站的升级：设计者们必须时时刻刻注意网站的运行情况。一个性能好的网站随着访问用户的增加，有可能会引起缓慢等情况出现，如果想要留住用户，就必须做好相应的升级工作，以满足用户的相关需求。

（二）网站的具体设计流程

网站的开发非常复杂和烦琐，其过程可以看作是一个工程项目，具体的设计流程主要分为八个阶段。

第一阶段：明确网站设计的目标。

企业在建设网站之前，首先要明确建站的目标，即企业建立网站要做什么。确定建站目标是网站规划的第一步，也是很重要的一步，因为它直接关系到网站整体规划、风格设计、策略运用等多个方面。

第二阶段：用户需求分析。

用户是网站资源的使用者，因此，要提高商业网站的点击率、网络营销率，就必须了解客户、认识客户，对其进行良好的分析。一般来讲，用户需求分析主要从目标客户、竞争对手、市场定位、业务流程四个方面进行，以获取充分的资料，为网站设计提供基础。

第三阶段：网站的总体结构设计。

此阶段是整个网站建设过程中非常关键的一步，用来确定网站的组成部分及各组成部分之间的关系。它主要包括网站功能设计、进行网站开发所需的软硬件环境、人时资源的分配、数据库概念设计、接口设计五个方面。

第四阶段：网站的信息结构设计。

主要是从方便用户的角度来考虑，确定网站的栏目、目录结构、链接结构、导航设计、交互性及友好性设计等主要内容。

第五阶段：网站的详细设计。

进行具体的程序开发、网站的内容设计和可视化设计。

第六阶段：网站的发布与测试。

即将网站发布到网络的主机上，以便让浏览者进行访问，发布的方法包括网络本地发布、网络远程发布等。但在网站发布之后，让浏览者在互联网公共空间中正式访问网站之前，需要对网站的健康指标，比如最基本的健康指标——可用性以及性能进行检测，因为这直接关系到用户体验，关系到经营收益。可用性检测主要包括功能检测、程序合法性检测、安全监测、连接错误检测、兼容性检测等内容；性能检测主要包括网站运行效率检测、抗压力检测等。

第七阶段：网站的宣传与推广。

这是一项必需和基础的工作。网站推广的目的是宣传企业的网站地址，让更多的人知晓网站的域名并进行相关访问，从而为企业带来更多更好的商机，最终使企业盈利。网站宣传与推广的方法有很多，可以借助报纸、电视、电台、杂志等传统媒体进行网站的宣传与推广，也可以利用搜索引擎、分类目录、网络广告、BBS、新闻组、电子邮件等网络推广方式进行网站的宣传与推广。

第八阶段：网站后期维护与更新。

做好日常维护和更新是网站健康运行并顺利提供各种服务的基本保障，主要内容包括硬件设备的检查、保养、维护、更新，操作系统、Web 服务器软件、数据库系统、杀毒软件等软件系统的配置优化、更新升级、漏洞修补，网站功能的不断完善，网站程序的不断优化，性能的不断提高乃至整体运营质量的不断提升，其他安全辅助手段的逐步应用。

（三）网站开发规范

（1）文档规范：网站开发过程中要求所有的项目都必须有相关的文档记录，文档记录可以是纸质记录，也可以是电子记录。

（2）数据库使用规范：要求程序中访问数据库时使用统一的用户、统一的连接文件进行访问，而且服务器上有关数据库的一切操作只能由服务器管理人员进行。原则上每一个栏目只能创建一个数据库，数据库库名与各栏目的英文名称相一致。另外，需要注意的是比较大的、重点的栏目可以单独考虑创建数据库，对于不再使用的数据库、表应删除，而且在删除之前必须做好备份，包括结构和内容。

（3）导航规范：每个页面需重复出现的信息，包括站点介绍、站点视图、联系方式、常见问题解答等；若栏目采用图标的样式，下面应附有相应的文字说明；普通文本一般使用常用的颜色，而链接应使用标准、醒目的颜色；屏幕上已浏览的页面所对应的链接与其他链接应有相应的区分；若栏目没有任何可链接的内容，不应做成按钮的形式。

（4）网站框架规范：商业网站一般应包含站点介绍、站点导航图、新闻、导航菜单、搜索工具、站点或页面最近一次被更新的时间、联系方式、相关站点链接、反馈渠道等内容。

（5）源代码规范：要求所有自定义变量必须先声明后使用，并且用注释语句标明变量的类型和用途；要求所有的自定义函数必须加注释，标明函数的用途、参数的数据类型、意义及返回值的类型；程序中重要的过程或代码较长的过程加注释语句，以标明该过程的起始行和结束行，并注明其实现功能；所有的注释文字一律使用简体中文。

（四）常用的网站数据库

（1）Microsoft Access：Microsoft Access 是以标准 JET 为引擎的桌面型数据库系统，具有界面友好，易学易用，开发简单，接口灵活等特点。所以，对于中小型企业或对于刚刚创建网站，规模和访问量还处在起步阶段的用户，Microsoft Access 数据库是其首选。

（2）Microsoft SQL Server：Microsoft SQL Server 是基于服务器端的中型数据库，可以适合大容量数据的应用。它在处理海量数据的效率，后台开发的灵活性、可扩展性等方面强大，是目前最流行、最实用，使用也最广泛的数据库管理系统。

（3）Oracle：Oracle 数据库是以高级结构化查询语言为基础的大型关系数据库，是目前最流行的 C/S 体系结构的数据库之一。它的分布式结构可以将数据和应用驻留在多台电脑上，而相互间的通信是透明的。

（4）MySQL：MySQL 是完全网络化的跨平台的关系型数据库系统，是一个开放源码的小型数据库管理系统，目前被广泛应用在 Internet 上的中小型网站中。它具有很多优势，不仅使用简单、管理方便、运行速度快，而且功能强大、安全可靠性强，被认为是建立数据库驱动的动态网站的最佳产品。PHP＋MySQL＋Apache 被称为 Linux 平台下建设网站的黄金组合。

任务实践

一、任务目标

掌握网站策划与实施的基本流程，能够完成网站的策划与网站的实施。

二、任务实施

步骤1：网站的策划。

（1）网站的目标设计。通过调研分析，确定网站的目标，比如经过调研，某企业确定建立网站的目标为利用网站宣传自己的产品，树立企业形象，开展在线销售活动，完成网上销售，扩大销售渠道等。

（2）网站的整体框架结构图设计。根据网站的目标以及企业的实际需求，确定网站的栏目板块，并进行细分，确定网站的一级栏目、二级栏目，甚至三级栏目，最后绘制整个网站的整体框架图，如图4-1所示。

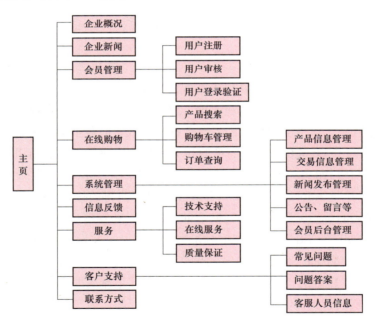

图4-1 某企业网站整体框架结构图

（3）撰写网站策划书。

在上述网站分析的基础上，根据网站的整体框架结构图，基本确定了网站建设的目标、任务和功能模块，然后以用户为核心，撰写网站策划书。网站策划方案写作要科学、认真、实事求是，主要包括九部分，详细内容请参看任务分析中网站策划书的具体内容。

步骤2：网站的实施。

（1）网站数据库设计。对于规模较大的网站，为了实现网上信息访问的实时性、动态性、交互性，对网上数据进行高效存取，一般需要数据库的支持，因此，需要开发基于 Web 数据库的动态、交互性应用程序，以便于对产品及产品的相关信息、客户资料、反馈信息、客户网上购物等一系列数据进行统一组织、查询、管理。在进行网站设计开发时，需要根据网站的功能模块进行数据库的结构设计。首先需要进行数据库的需求分析，确定具体的数据项和数据结构，比如进行商业网站建设时，涉及订单管理模块，需要建立订单管理表、订单内容表等，其中订单管理表主要涉及订单号、用户名、配送、付款、填写时间、完成时间、标记等，而订单内容表主要涉及订单号、商品、数量、价格等；其次，在此基础上，进行数据库的逻辑结构设计，如图 4-2 所示；再次，根据数据库的逻辑结构设计，进行数据库的创建和表中数据的填写；最后进行数据库的连接与访问。

列名	数据类型	长度	允许空
ID	int	4	
订单号	nvarchar	50	√
用户名	nvarchar	50	√
配送	nvarchar	50	√
付款	nvarchar	50	√
填写时间	nvarchar	50	√
完成时间	nvarchar	50	√
标记	nvarchar	50	√

图 4-2　订单管理表

（2）网站的功能设计实现。网站作为企业或公司在 Internet 上的门户，已经越来越成为企业的一个重要标志。建立一个美观实用、功能完善的网站，是企业进行商务活动的第一步。电子商务网站一般由前台页面和后台数据库组成，前台页面接受客户的浏览、登记和注册，记录下客户的有关资料，而商品的相关信息及用户登记注册的相关信息则存储到后台数据库中。利用 Adobe Dreamweaver 软件（Adobe Dreamweaver，简称"DW"，中文名称 "梦想编织者"，Adobe Dreamweaver 使用所见即所得的接口，亦有 HTML 编辑的功能，借助经过简化的智能编码引擎，轻松地创建、编码和管理动态网站，访问代码提示，即可快速了解 HTML、CSS 和其他 Web 标准）进行网站页面设计，如图 4-3 所示。利用 VS 软件（Microsoft Visual Studio 是 VS 的全称，VS 是美国微软公司的开发工具包系列产品。VS 是一个基本完整的开发工具集，包括整个软件生命周期中所需要的大部分工具，如 UML 工具、代码管控工具、集成开发环境（IDE）等。所写的目标代码适用于微软支持的所有平台，包括 Microsoft Windows、Windows Mobile、Windows CE、.NET Framework、.Net Core、.NET Compact Framework 和 Microsoft Silverlight 及 Windows Phone）进行网站开发的设计，界面如图 4-4 所示，图 4-5 是制作的某网站的留言板设计页面。

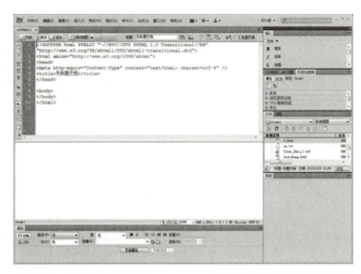

图 4-3　利用 Adobe Dreamweaver 软件进行网站页面设计图

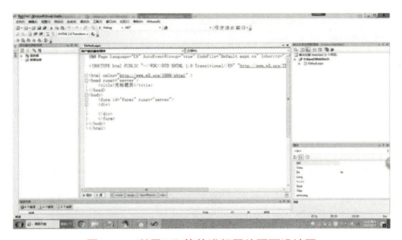

图 4-4　利用 VS 软件进行网站页面设计图

图 4-5　留言板页面

三、任务总结

在本次实践任务中，需要注意的是网站如何策划与实施。通过学习，总结整理实施过程中遇到的问题，讨论、整理出解决方案并完成下面的知识及技能总结表格（见表4-1）。

表4-1 知识及技能总结

班级：		姓名：	学号：	完成时间：
任务名称：		组长签字：	教师签字：	
类别		索引	学生总结	教师点评
知识点		网站策划设计方法		
		网站策划的内容		
		网站设计的流程		
技能点		网站的策划		
		网站的实施		
操作总结		操作流程		
		注意事项		
反思				

任务4-2 网站设置

知识储备

网站做好后,需要进行网站的设置、域名注册和空间申请,将网站发布到网络的主机上,以便让浏览者访问。只有通过网站的发布,浏览者才可以在互联网公共空间中看到这个网站并进行访问。

一、域名的定义

域名(Domain Name),是由一串用点分隔的名字组成的 Internet 上某一台计算机或计算机组的名称,用于在数据传输时对计算机的定位标识(有时也指地理位置)。由于 IP 地址具有不方便记忆并且不能显示地址组织的名称和性质等缺点,人们设计出了域名,并通过网域名称系统(Domain Name System,DNS)将域名和 IP 地址相互映射,使浏览者更方便地访问互联网,而不用去记住能够被机器直接读取的 IP 地址数串。域名的两个管理机构,一是 ICANN(The Internet Corporation for Assigned Names and Numbers)即互联网名称与数字地址分配机构,它是一个非营利性的国际组织,成立于 1998 年 10 月,是集合了全球网络界商业、技术及学术各领域专家的非营利性国际组织,负责在全球范围内对互联网唯一标识符系统及其安全稳定的运营进行协调,包括互联网协议(IP)地址的空间分配、协议标识符的指派、通用顶级域名(gTLD)以及国家和地区顶级域名(ccTLD)系统的管理、根服务器系统的管理。有关 ICANN 的信息可在网址 http://www.icann.org 中查询;二是 CNNIC(China Internet Network Information Center),即中国互联网络信息中心,是经国家主管部门批准,于 1997 年 6 月 3 日组建的管理和服务机构,行使国家互联网络信息中心的职责。作为中国信息社会重要的基础设施建设者、运行者和管理者,中国互联网络信息中心负责国家网络基础资源的运行管理和服务,承担国家网络基础资源的技术研发并保障安全,开展互联网发展研究并提供咨询,促进全球互联网开放合作和技术交流,不断追求成为"专业·责任·服务"的世界一流互联网络信息中心,其网站的地址为 http://www.cnnic.net.cn。

Internet 上域名命名的一般规则如下:

(1)域名中只能包含以下字符:二十六个英文字母;0,1,2,3,4,5,6,7,8,9 十个数字;"-"(英文中的连词号)。需要注意的是,目前也有一些国家在开发其他语言的域名,比如中文域名。

(2)域名中字符的组合规则:在域名中,不区分英文字母的大小写;对于一个域名的长度是有一定限制的,CN 下域名命名的规则有两个,一是遵照域名命名的全部共同规则,二是只能注册三级域名,三级域名由字母(A~Z,a~z,大小写等价)、数字(0~9)和连接符(-)组成,各级域名之间用实点(.)连接,三级域名长度不得超过 20 个字符。

（3）不得使用或限制使用以下名称：

① 注册含有"CHINA""CHINESE""CN""NATIONAL"等的域名须经国家有关部门（指部级以上单位）正式批准。

② 公众知晓的其他国家或者地区名称、外国地名、国际组织名称不得使用。

③ 注册含有县级以上（含县级）行政区划名称的全称或者缩写的域名须经相关县级以上（含县级）人民政府正式批准。

④ 行业名称或者商品的通用名称不得使用。

⑤ 他人已在中国注册过的企业名称或者商标名称不得使用。

⑥ 对国家、社会或者公共利益有损害的名称不得使用。

⑦ 经国家有关部门（指部级以上单位）正式批准和相关县级以上（含县级）人民政府正式批准是指相关机构要出具书面文件表示同意××××单位注册×××域名。如要申请 tianjin.com.cn 域名，则要提供天津市人民政府的批文。

二、域名的一般结构和分类

（一）域名的一般结构

域名的一般结构为：主机名.机构名.网络名.最高层域名，比如天津市职业大学的域名为 tjtc.edu.cn。

（二）域名的分类

域名的种类分类很多。按不同语种可以划分为英文域名、中文域名、日文域名和其他语种的域名。按域名所在地域可以划分为顶级域名、二级域名，其中有表示工商企业的.com，表示网络提供商的.net，表示非营利组织的.org 等；而国家域名，又称为国内顶级域名（national top-level domainnames，nTLDs），即按照国家的不同分配不同后缀，这些域名即为该国的国家顶级域名，目前 200 多个国家和地区都按照 ISO3166 国家代码分配了顶级域名，例如中国是 cn，美国是 us，日本是 jp 等。按管理机构的不同可以分为国际域名、国家域名，其中国际域名由非营利性国际组织 ICANN 运营管理，是以.com、.net、.org、.cc、.tv 等根域为后缀的域名，而国家域名是在（.）的后面再加上国家代码（如中国为.CN，日本为.JP，英国为.UK）后缀的域名。按后缀的不同形式可以分为.COM（商业性的机构或公司）、.ORG（非营利的组织、团体）、.GOV（政府部门）、.MIL（军事部门）、.NET（从事 Internet 相关的机构或公司）、.AC（科研机构）、.EDU（教育机构）、.BIZ（网络商务向导，适用于商业公司）、.info（提供信息服务的企业）、.pro（适用于医生、律师、会计师等专业人员的通用顶级域名）、.name（适用于个人注册的通用顶级域名）、.coop（适用于商业合作社的专用顶级域名）、.travel（旅游域名）、.int（国际组织）。按照级别进行分类，国家域名可分为不同级别，包括顶级域名、二级域名、三级域名等。其中，顶级域名可以分为国家顶级域名（national top-level domainnames，nTLDs）和国际顶级域名（international top-level domain names，iTDs）两类。二级域名是指顶级域名之下的域名，在国际顶级域名下，它是指域名注册人的网上名称，例如 ibm、yahoo、microsoft 等，在国家顶级域名下，它是表示注册企业类别的符号，例如 com、edu、gov、net 等。三级域名由字母（A～Z，a～z，大小写等价）、数字（0～9）和连接符（－）组成，各级域名之间用实点（.）连接，三级域名的长度不能超过 20 个字符。如无特殊原因，建议采用申请人的英文名（或者缩写）或者汉语拼音名（或者缩写）作为三级域名，以保持域名的清晰性和简洁性。

三、申请空间的类型和大小

空间申请是指向网络服务商租用一个硬盘空间，然后将完成的网站上传到此空间。租用的这个硬盘空间即为虚拟主机。当然，对于大型的电子商务网站，可以采用购置主机、服务器托管的方式获取空间。申请网络空间时需要选择申请空间的类型和大小。一般空间租用价格的高低由空间的类型和大小决定。用户可以根据所要上传的网站的具体内容来确定所需的空间类型和大小。若上传的网站只是用来表达某些固定的内容，比如企业简介、联系信息等，用户只需购买一个静态空间。如果用户还需要完成一些复杂的功能，比如网上商城、客户留言等，那么就必须购买动态空间，至于空间的大小应根据电子商务网站的实际需要确定。所以应在租用之前仔细分析一下网站的具体情况。一般需要申请的网络空间大小的计算公式为：申请的网络空间大小＝整个网站所占用的空间大小×1.5（或者 2）。如果要运行大型的电子商务网站，则应考虑购置自己的主机或选择服务器托管。

除了空间类型和空间大小外，空间申请还需要注意以下问题。

（1）免费 E-mail 信箱容量，这取决于企业有多少人拥有独立的 E-mail 信箱，电子邮件服务器自动应答系统是否完善。

（2）是否带有数据库开发能力，是否支持加密传输，比如希望从事网上交易，则应选用具有 SSL 加密传输能力的虚拟主机。

（3）是否支持音视频功能等，是否支持实时传音（Real Audio）、实时传送图像（Real Video）。

（4）是否可设置路径保护以限制访问。网站内部某些内容可以设置限制访问，以限制非授权人士的登录，这对建立信息站点收费栏目尤为适用。

（5）空间的连接数和是否提供 Web 页面访问统计报告，这可使企业有效地了解网站访问者的信息，更有针对性地进行网上营销。

（6）是否属于独立 IP 地址，同一块空间上是否同时具有 Web、E-mail、FTP 三种服务器的功能。

四、网站发布的方法

网站的发布主要有网站本地发布、网站远程发布和互联网空间发布三种方式。

（一）网站本地发布

网站本地发布其实就是在本地计算机上用 Web 服务器软件配置网站，这样做的主要目的是让开发的网站在本地运行起来，从而可以浏览效果、测试功能，尽量排除错误或解决存在的问题。当完成网站的开发后，一般不要直接发布到互联网上，先要在本地发布并进行全面的测试，只有当确认所有的内容都没有问题时再发布到 Internet 上。本地发布的 Web 服务器软件一般有 PWS（Personal Web Server）、IIS（Internet Information Services）、Apache、Tomcat 等。

（二）网站远程发布

网站远程发布是将开发完毕的网站程序部署到 Internet 的 Web 服务器上，从而让自己的网站在 Internet 上运行起来，主要分为两步：一是安装、配置 Web 服务器上网站的运行环境；二是将所有的资料打包上传，即将网站包含的所有资源，比如网页程序、图像、flash 动画、视频等复制或上传到远程服务器的网站文件夹中。在网站远程发布过程中，需要注意远程 Web 服务器操作系统的选择、Web 服务器软件的选择、站点的合理规划和网站的日常维护。

（三）互联网空间发布

互联网空间发布主要分为四步：第一步是申请免费或收费的网站域名；第二步是申请免费或收费的网站空间；第三步是用 FTP 上传工具上传到网站空间里的指定文件夹；第四步是进行网站空间的相关设定。

任务实践

一、任务目标

掌握网站设置的基本流程,能够完成网站域名的注册、网站空间的申请和网站的发布。

二、任务实施

步骤1:域名注册。

域名管理机构并不直接提供域名注册服务,具体的域名注册工作一般由他们认证的域名服务机构来操作,目前提供域名注册的服务商很多,如中国阿里云(https://wanwang.aliyun.com/)、商务中国(http://www.bizcn.com)、中国频道(http://www.china-channel.com)、Oray(http://www.oray.cn)等。本任务以阿里云站点为例进行具体介绍。

(1)打开阿里云站点 https://wanwang.aliyun.com/,如图4-6所示。

图4-6 阿里云主页

(2)点击右上方的"立即注册"按钮,打开用户注册界面,如图4-7所示。可以采用支付宝快捷注册方式,也可以采用账号密码注册方式。如果采用账号密码注册方式,点击"账号密码注册",打开"欢迎注册阿里云"页面,如图4-8所示,设置会员名、登录密码,输入手机号码等,进行会员注册。

图4-7 阿里云用户注册界面

图 4-8 "欢迎注册阿里云"页面

（3）注册成功后，用已经注册的会员名和密码进行登录，点击右上方的会员头像，打开账户基本信息页面，如图 4-9 所示；点击"未实名认证"链接，打开实名认证页面，

图 4-9 会员账户信息页面

如图 4-10 所示。根据自身的实际情况，选择实名认证的具体方式，比如"个人实名认证"方式、"企业/政府实名认证"方式或者"个体工商户实名认证"方式，完成实名认证操作。其中，"个人实名认证"包含两种方式，如图 4-11 所示，一是个人支付宝授权认证，可以即时开通，无须等待；二是个人扫脸认证，需要提前准备好个人身份证，提交信息后，等待 0~2 个工作日审核通过。

图 4-10　会员实名认证页面

图 4-11　个人实名认证页面

（4）查询域名是否已经被注册。在"阿里云"网站上查询一下要申请的网站域名是否已经被他人注册。如果已经被他人注册，那么需要为该网站重新构思一个新的域名，或者向注册人申请购买该域名；如果该域名还没有被注册，则可以进行该域名的注册申请操作。具体操作如图 4-12 所示，输入要查询的网站域名，比如 baichenxing.com，点击"查域名"按钮，打开域名查询结果页面，如图 4-13 所示。

（5）选择绿色背景标注的未注册的域名，点击右侧的"加入清单"按钮，选择的要注册的域名会自动出现在右侧的域名清单里，如图 4-14 所示。

电子商务基础

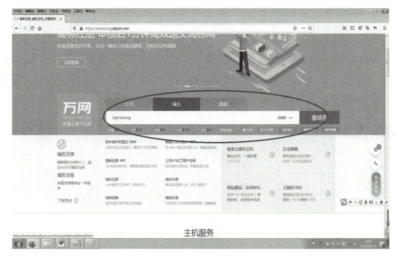

图 4-12　域名查询页面

图 4-13　域名查询结果页面

图 4-14　域名清单页面

（6）点击"立即结算"按钮，打开确认订单页面，如图4-15所示，确定域名申请的年限，比如5年；确定推荐购买的选项，比如选择 SSL 证书选项，直接加入购物车即可；确定域名的持有者，比如选择个人；确认是否有优惠口令，如果有，在优惠口令文本框中进行输入；选择"我已阅读，理解并接受［域名服务条款］"复选框，点击"立即购买"按钮，完成费用支付即可。如果前期没有填写域名持有者信息模板，点击"立即购买"按钮后，会弹出"请选择域名持有者信息模板"信息提示，如图4-16所示。

图4-15 订单确认页面

图4-16 "选择域名持有者信息模板"信息提示页面

步骤2：空间申请。
（1）在阿里云首页，切换到主机服务板块，如图4-17所示。
（2）根据自身的实际情况，选择虚拟主机的类别，比如独享云虚拟主机、云服务器ECS、海外云虚拟主机等。如果选择的是独享云虚拟主机，如图4-18所示，当鼠标悬停到该板块时，会自动弹出"立即购买"按钮。点击独享标准版下面的"立即购买"按钮，会打开云虚拟主机基本配置页面，如图4-19所示，需要选择机房所在区域、产品的套餐、操作系统的类型以及时长，确定完成后，点击"立即购买"按钮，打开订单确认页面，如图4-20所示，同意服务条款，点击"立即购买"按钮，完成费用支付。

图 4-17　阿里云首页——主机服务板块

图 4-18　选择独享云虚拟主机页面

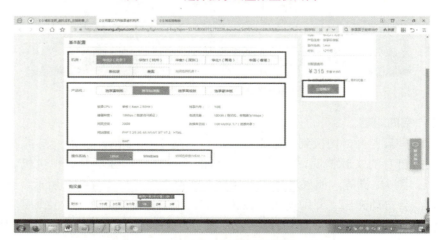

图 4-19　云虚拟主机基本配置页面

图 4-20 订单确认页面

步骤 3：网站发布。

（1）利用 Internet 信息服务（IIS）发布站点。

开始→程序→管理工具→Internet 信息服务，打开 IIS，选择"默认 Web 站点"，右键快捷菜单中选择"新建→虚拟目录"命令，如图 4-21 所示，启动虚拟目录创建向导，点击"下一步"按钮。设置虚拟目录在主目录中的别名，如图 4-22 所示，点击"下一步"按钮。设置虚拟目录指向的物理目录路径，即网站内容目录，如图 4-23 所示，点击"下

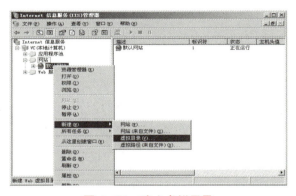

图 4-21 建立虚拟目录

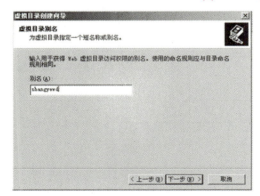

图 4-22 虚拟目录别名

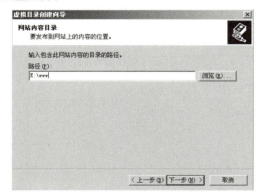

图 4-23 网站内容目录

一步"按钮。设置虚拟目录的访问权限,如图 4-24 所示,点击"下一步"按钮,即可完成虚拟目录的创建。

(2)利用 Visual Studio 发布网站。

Visual Studio 可以利用 Microsoft Visual Web Developer Web 开发工具提供的"发布网站"实用工具将完成的电子商务网站部署到服务器中。"发布网站"实用工具对网站中的页和代码进行预编译,然后将编译器输出写入指定的文件夹。然后可以将输出复制到目标 Web 服务器,并在目标 Web 服务器上运行应用程序。其中,发布网站的界面如图 4-25 所示。

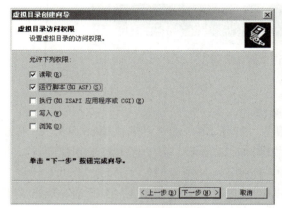

图 4-24　虚拟目录访问权限

图 4-25　"发布网站"对话框

三、任务总结

在本次实践任务中,需要注意的是网站设置的基本流程。通过学习,总结整理实施过程中遇到的问题,讨论、整理出解决方案并完成下面的知识及技能总结表格(见表 4-2)。

表 4-2　知识及技能总结

班级:		姓名:		学号:		完成时间:
任务名称:			组长签字:		教师签字:	
类别		索引		学生总结		教师点评
知识点		域名的定义、一般结构和分类				
		申请空间的类型和大小				
		网站发布的方法				
技能点		域名注册				
		空间申请				
		网站发布				
操作总结		操作流程				
		注意事项				
反思						

任务 4-3　网络营销

知识储备

一、网络营销的概念

网络营销（On-line Marketing 或 E-Marketing）是基于网络及社会关系网络连接企业、用户及公众，向用户及公众传递有价值的信息与服务，为实现顾客价值及企业营销目标所进行的规划、实施及运营管理活动。网络营销是企业整体营销战略的一个组成部分，网络营销是为实现企业总体经营目标所进行的，以互联网为基本手段，营造网上经营环境并利用数字化的信息和网络媒体的交互性来辅助营销目标实现的一种新型的市场营销方式。广义地说，企业利用一切网络（包括社会网络、计算机网络、企业内部网、行业系统专线网及互联网，有线网络、无线网络，有线通信网络与移动通信网络等）进行的营销活动都可以称为网络营销。狭义地说，凡是以因特网为主要营销手段，为达到一定营销目标而开展的营销活动，称为网络营销。

二、网络营销的特点

一般来说，网络营销具有以下十个方面的特点。

（1）时域性。营销的最终目的是占有市场份额，由于互联网能够超越时间约束和空间限制进行信息交换，所以营销脱离时空限制进行交易变成可能，企业有了更多时间和更大的空间进行营销，可每周 7 天、每天 24 小时随时随地提供全球性营销服务。

（2）富媒体。互联网被设计成可以传输多种媒体的信息，如文字、声音、图像等信息，使得为达成交易进行的信息交换能以多种形式存在和交换，可以充分发挥营销人员的创造性和能动性。

（3）交互式。互联网通过展示商品图像，商品信息资料库提供有关的查询，来实现供需互动与双向沟通，还可以进行产品测试与消费者满意调查等活动。互联网为产品联合设计、商品信息发布以及各项技术服务提供最佳工具。

（4）个性化。互联网上的促销是一对一的、理性的、消费者主导的、非强迫性的、循序渐进式的，而且是一种低成本与人性化的促销，避免了推销员强势推销的干扰，并通过信息提供与交互式交谈，与消费者建立长期良好的关系。

（5）成长性。互联网使用者数量快速成长并遍及全球，使用者多属年轻、中产阶级、高教育水准，由于这部分群体购买力强而且具有很强的市场影响力，因此是一个极具开发潜力的市场渠道。

（6）整合性。互联网上的营销可由商品信息至收款、售后服务一气呵成，因此也是一种全程的营销渠道。另外，企业可以借助互联网将不同的传播营销活动进行统一设计规划

和协调实施，以统一的传播资讯向消费者传达信息，避免不同传播中的不一致性产生的消极影响。

（7）超前性。互联网是一种功能最强大的营销工具，它同时兼具渠道、促销、电子交易、互动、顾客服务以及市场信息分析与提供的多种功能。它所具备的一对一营销能力，正是符合定制营销与直复营销的未来趋势。

（8）高效性。计算机可储存大量的信息，代消费者查询，可传送的信息数量与精确度，远超过其他媒体，并能应市场需求及时更新产品或调整价格，因此能及时有效地了解并满足顾客的需求。

（9）经济性。通过互联网进行信息交换，代替以前的实物交换，一方面可以减少印刷与邮递成本，可以无店面销售，免交租金，节约水电与人工成本，另一方面可以减少由于迂回多次交换带来的损耗。

（10）技术性。网络营销大部分是通过网上工作者的一系列宣传、推广，这其中的技术含量相对较低，对于客户来说是小成本大产出的经营活动。网络营销是建立在高技术作为支撑的互联网络的基础上的，企业实施网络营销必须有一定的技术投入和技术支持，改变传统的组织形态，提升信息管理部门的功能，引进懂营销与电脑技术的复合型人才，这样才能具备市场竞争优势。

三、网络营销与传统营销的比较

网络营销与传统营销的比较如表 4-3 所示。

表 4-3　网络营销与传统营销的比较

序号	对比项目	传统营销	网络营销
1	市场营销心态	通过单一、单向的方式宣传品牌	更为自然的对话和关系，更加透明，容易赢得信任，建立信誉
2	品牌价值	品牌回想率很高	品牌价值由客户来决定（如何才能让客户对商品或服务给出很高的评价）
3	市场细分	根据人口统计数据对客户进行划分	根据客户行为、意见和爱好对客户进行划分
4	市场定位	根据人口统计数据进行定位	根据客户行为进行定位
5	交流	广播模式，制造信息并将信息强加于客户进行吸收	数字环境下的互动交流模式，如搜索、查询、客户意见、客户评论，或者直接对话
6	内容	有市场营销人员制造和控制的专业咨询	包含了专业地和用户生成的内容，可视性更强
7	病毒式营销	一个好用的功能，但其受欢迎也往往是因为华而不实的介绍，而不是内容本身	基于产品和服务的固定内容，这些产品和服务是值得关注的，可以引发人们的谈论或转发

四、网络营销策略与推广方式

（一）网络营销策略

网络营销策略是企业根据自身所在市场中所处地位不同而采取的一些网络营销组合，

它包括品牌策略、网页策略、产品策略、价格策略、促销策略、渠道策略和顾客服务策略。

（1）品牌策略。网络营销的主要任务就是在互联网上建立企业品牌，并对品牌进行推广。知名企业的线下品牌可以在网络上得以延伸。一般企业也可以通过互联网快速树立品牌形象，并提升企业整体形象。

（2）网页策略。网络营销都是建立在互联网上的，所以企业可以选择比较有优势的网址来建立自己的网站，然后由专人进行维护管理，节省原来传统市场营销的很多广告费用，搜索引擎也会关注网站搜索率，从一定程度上来说比广告效果好。

（3）产品策略。中小企业在进行网络营销时，必须明确自己的产品或服务项目，明确哪些产品是网络消费者的选择，把相应的消费者类型定为目标群体。由于网络销售的成本费用远低于其他销售渠道，如果中小企业的产品与网络属性相符合，就可以通过网络营销去获取更大的利润。

（4）价格策略。价格是每个消费者最关注的，以最低价格购买到最好质量的产品或服务是每个消费者的最大希望。网络营销价格策略是成本和价格的直接对话，由于互联网上信息公开化，消费者很容易摸清所要购买产品的价格，一个企业要想在价格上取胜，就要注重强调自己的产品性能以及相比于同行业竞争者产品的特点，及时调整不同时期的价格。如在自身品牌推广阶段完全可以用低价来吸引消费者，在满足自己成本的基础上以最好的质量回馈消费者，通过这样的方式来占领市场。当品牌推广累积到一定阶段后，制定自动价格调整系统，降低成本，根据变动成本、市场需求状况以及竞争对手报价来及时适时调整。一般来说，价格策略可以分为定制定价策略、低价定价策略、拍卖定价策略、捆绑价格策略、品牌定价策略、尾数定价策略和差别定价策略等。

（5）促销策略。网上促销不同于传统营销模式，它没有人员促销或是直接促销，它是利用大量的网络广告这种软营销模式来达到促销效果。这样的做法最大的优点就是可以节省大量人力和财力。通过网络广告效应可以在互联网中不同的角落里挖掘潜在的客户。通过这样的做法与非竞争对手达成合作联盟，拓宽产品消费者层面。在多数情况下，网络营销对于促进网下销售十分有价值，又避免了现实中促销的千篇一律。

（6）渠道策略。网络营销渠道，本来是为了方便消费者而设置的。为了在网络中吸引消费者关注自家公司的产品，可以根据公司产品的品牌特性，与其他公司的相关产品联合，为自己企业的产品做外部延伸。这样，在相关产品同时出现的时候，会更加吸引消费者的关注。

（7）顾客服务策略。可以根据特定的目标客户群、特有的企业文化来加强互动，节约开支，形式新颖多样，避免了原有营销模式的老套和单一化。

（8）SNS 营销策略。SNS 营销策略优势在于可以找到精准的目标用户，并且客户群比较固定，也很庞大。SNS 社交网站有很大的用户群体，黏度也很高，传播速度快，通过朋友、同学关系建立的社会圈可以形成巨大的口碑宣传。SNS 营销主要有植入游戏、打造公共主页、横幅广告、组织冠名活动、设计与网络购物的深度对接等方式。

（二）网络营销推广方式

在进行网络营销推广时，具体推广的方式如下。

（1）搜索引擎营销。搜索引擎营销（Search Engine Marketing，SEM）是指基于搜索引擎平台的网络营销,利用人们对搜索引擎的依赖和使用习惯,在人们检索信息的时候将信息传递给目标用户。搜索引擎营销的基本思想是让用户发现信息,并通过点击进入网页,进一步了解所需要的信息。搜索引擎营销分为搜索引擎优化(SEO)和点击付费推广(PPC)两个部分。点击付费推广,又称竞价推广,是一种按照效果付费的网络推广方式,该方式能够让企业客户通过付费的形式在搜索引擎排名中获得较高的广告位排名,有着快速精准的特点,能够在相对较短时间内为企业带来更多价值,因此受到如今大部分企业的青睐。

(2)社交营销。社交营销是指在现今的社交网络平台上对企业品牌的推广活动。随着互联网的发展,如今社交营销也变得越来越重要。社交推广能够实现非常精准的广告投放,能够很直观地反映出网络用户的真实需求。

(3)信息流营销。信息流营销主要是指在一些新闻资讯类及其相关的网站,如网易新闻、今日头条等或者 App 上,采用付费广告推广的形式。信息流营销展现的形式包括文字/图片加链接,或者是以视频流的形式展现。其收费形式主要是 CPM(按展示次数收费)和 CPC(按点击次数收费)。

(4)品牌营销。品牌效果是每个企业都在倾力打造的,品牌营销即通过搜索引擎、社交平台、信息流平台等渠道对企业品牌的全方位展现。品牌营销着重于企业的整个品牌战略体系,而非某一款具体产品。其展现形式也非常多样,如文字、图片、视频等一体化推广。品牌营销对塑造企业品牌形象、提升企业权威性和可信度有着重要的意义。

(5)网络广告。网络广告是指运用专业的广告横幅、文本链接、多媒体的方法,在互联网上刊登或发布广告,通过网络传递到互联网用户的一种高科技广告运作方式。网络广告是主要的网络营销方法之一,在网络营销方法体系中具有举足轻重的地位,事实上多种网络营销方法也都可以理解为网络广告的具体表现形式,并不仅仅限于放置在网页上的各种规格的 BANNER 广告,如电子邮件广告、搜索引擎关键词广告、搜索固定排名等都可以理解为网络广告的表现形式。网络广告的本质特征为:网络广告需要依附于有价值的信息和服务载体;网络广告的核心思想在于引起用户关注和点击;网络广告具有强制性和用户主导性的双重属性;网络广告应体现出用户、广告客户和网络媒体三者之间的互动关系。

(6)软文宣传。软文宣传是指通过新闻、自媒体稿件等形式,间接、隐形地进行商业宣传的一种形式。一篇优质软文不仅可以让你的网站获得大量的流量,还可以树立你公司在顾客或竞争对手心目中的形象,但前提是软文必须有"杀伤力",才能够不断吸引他人来阅读。需要提醒一点的就是,如果软文写得不好,则会被读者笑话,所以在发表软文之前,要仔细修改,确认它们能起到较好效果。

(7)病毒式营销。病毒式营销就是利用用户口碑传播的原理进行病毒式宣传,这种传播的效率非常高,并且非常精准,可以让企业获得很好的用户口碑以及精准用户。因此,口碑很重要,我们要在互联网上塑造口碑、包装品牌、提升品牌知名度,去积累一定的忠实用户群体,这样才可以获得良好的口碑病毒式传播。

(8)电子邮件营销。电子邮件营销是以订阅的方式将行业及产品信息通过电子邮件的方式提供给所需要的用户,以此建立与用户之间的信任与信赖关系。大多数公司及网站都在利用电子邮件营销方式,毕竟邮件已经是互联网基础应用服务之一。

(9)博客营销。博客营销是建立企业博客,一般以行业评价、工作思想和专业技术等作为企业博客内容，使客户更加信赖企业。博客营销具有成本低、贴近大众、新鲜等特点。

（10）数据库营销。所谓数据库营销就是企业通过收集和积累会员（用户或消费者）信息，经过分析筛选后有针对性地使用电子邮件、短信、电话、信件等方式进行客户深度挖掘与关系维护的营销方式。或者，数据库营销就是以与顾客建立一对一的互动沟通关系为目标，并依赖庞大的顾客信息库进行长期促销活动的一种销售手段。

（11）论坛营销。论坛营销是指企业利用论坛网络交流的平台，通过文字、图片、视频等方式发布企业的产品和服务的信息，从而让目标客户更加深刻地了解企业的产品和服务，最终达到宣传企业的品牌、加深市场认知度的网络营销活动。

（12）SNS营销。SNS（Social Networking Services）营销，即社会化网络营销，是利用SNS网站的分享和共享功能，通过即时传播，提高企业产品和服务的影响力和知名度。具体表现为在社交网站上通过广告、口碑传播等进行产品推销、品牌推广等活动。

（13）网络直播营销。网络直播营销吸取和延续了互联网的优势，利用视讯方式进行网上现场直播，可以将产品展示、相关会议、背景介绍、方案测评、网上调查、对话访谈、在线培训等内容现场发布到互联网上，利用互联网的直观、快速、表现形式好、内容丰富、交互性强、地域不受限制、受众可划分等特点，加强活动现场的推广效果。现场直播完成后，还可以随时为消费者继续提供重播、点播，有效延长和扩展了直播的时间和空间，发挥出直播内容的最大价值。这是一种营销形式上的重要创新，也是非常能体现出互联网视频特色的板块，能体现出用户群的精准性，能够实现与用户的实时互动、深入沟通、情感共鸣。

（14）短视频营销。在如今的移动端时代，短视频营销已经一跃成为时代的宠儿。短视频营销有一个巨大的优势，就是传播力很强，在保持自身长处的同时，充分吸收了其他媒体的特点，成为集百家之长的新兴营销载体，是整个互联网和移动互联网生态链的重要一环，包括星巴克的星享卡推广、GUCCI的"线上"接力赛24HourAce、欧莱雅的化妆滤镜等，国际一线品牌纷纷入局短视频营销。因为短视频内容是快餐式的，提供了更加刺激的感官体验，体验式营销更具商业表达力。年轻人作为构成社交网络的用户主体，更加习惯于碎片化的阅读与获得，短视频是品牌垂直攻略年轻受众的最有效途径。对于企业而言，短视频营销门槛低、制作成本低、宣传周期短，在各种广告费用不断攀升的今天，给了企业试水的吸引力。同时，企业可以根据目标客户偏好，结合自身产品特性精准营销，制作出吸引目标客户的短视频广告，从而引起目标客户的关注与共鸣。目前各大短视频平台中，抖音、快手更具有全民性质，抖音更加娱乐化，而快手和抖音火山版内容更生活化。梨视频更多属于新闻资讯媒体，适合做社会题材营销。

五、网络市场调研的定义和内容

在进行网络营销前，需要进行网络市场的调研。所谓的网络市场调研，是指通过互联网针对特定营销环境进行简单调查设计、收集资料和初步分析的活动，为企业的经营决策提供数据支持和分析依据。网络市场调研与传统的市场调研相比有着无可比拟的优势，如调研费用低、效率高、调查数据处理方便、不受时间地点的限制。网络市场调研的内容主要包括三个方面：一是市场需求调查。市场需求调查的目的在于掌握市场需求量、市场规模、市场占有率以及如何运用有效的经营策略和手段。二是消费者购买行为调查，具体包括：消费者的家庭、地区、经济等基本情况，消费者的购买动机，消费者喜欢在何时何地购买。三是营销因素调查，具体包括：产品的调查、价格的调查、分销渠道的调查、广告策略的调查、促销策略的调查。

六、网络市场调研的步骤

网络市场调研应遵循一定的程序，一般而言，应经过五个步骤：

（1）确定目标。虽然网络市场调研的每一步都很重要，但是调研问题的界定和调研目标的确定却是最重要的一步。只有清楚地定义了网络市场调研的问题，确立了调研目标，方能正确地设计和实施调研。在确定了调研目标的同时还要确定调研对象，网络调研对象主要包括：企业产品的消费者、企业的竞争者、上网公众、企业所在行业的管理者和行业研究机构。

（2）设计调研方案。具体内容包括确定资料来源、调查方法、调查手段和接触方式。

（3）收集信息。在确定调查方案后，市场调研人员即可通过电子邮箱向互联网上的个人主页、新闻组或者邮箱清单发出相关查询，之后就进入收集信息阶段。

（4）信息整理和分析。收集得来的信息本身并没有太大意义，只有进行整理和分析后信息才变得有用。整理和分析信息这一步非常关键，需要使用一些数据分析技术，如交叉列表分析技术、概况技术、综合指标分析和动态分析等。目前国际上较为通用的分析软件有 SPSS、SAS、BMDP、MINITAB 和电子表格软件。

（5）撰写调研报告。这是整个调研活动的最后一个重要阶段。报告不能是数据和资料的简单堆积，调研人员不能把大量的数字和复杂的统计技术扔到管理人员面前。正确的做法是把与市场营销决策有关的主要调查结果报告出来，并遵循所有有关组织结构、格式和文笔流畅的写作原则。

七、网络市场调研的方法

网络市场调研的方法可以分为两种：一种是网络市场直接调研，是指利用互联网技术，通过网上问卷等形式调查网络消费者行为及其意向的一种市场调研类型。按调研的思路不同可以分为网上问卷和网上论坛等调研方法，而网上问卷调研按照调查者组织调查样本的行为，可以分为主动调查法和被动调查法。另一种是网络市场间接调研，是指利用互联网收集与企业营销相关的市场、竞争者、消费者以及宏观环境等方面的信息，主要包括利用搜索引擎收集资料、利用公告栏收集资料、利用新闻组收集资料、利用电子邮件收集资料等方法。目前企业用得最多的是网络市场间接调研方法，因为它的信息能广泛满足企业管理决策需要，网络市场直接调研一般只适合于针对特定问题进行专项调查。

网上问卷调研，是指通过制定详细周密的问卷，通过互联网络平台，要求被调查者据此进行回答以收集资料的方法。所谓问卷是一组与研究目标有关的问题，或者说是一份为进行调查而编制的问题表格，又称调查表。它是人们在社会调查研究活动中用来收集资料的一种常用工具。调研人员借助这一工具对社会活动过程进行准确具体的测定，并应用社会学统计方法进行量的描述和分析，获取所需要的调查资料。网上问卷调研方式的优点是无地域限制，成本相对低廉，缺点是答卷质量无法保证。目前国外的调查网站 surveymonkey 提供这种方式，而国内则有问卷网、问卷星、调查派提供这种方式。

（一）网上调查问卷的结构

网上调查问卷的结构一般分为三部分。第一部分是卷首说明：包括称呼、调研目的、填写者收益情况、主办单位和感谢语等。第二部分是调研内容：是调查问卷的主体，可以直接根据传统的市场调查问卷形式制作。问卷可由多个问题组成，可包括需用户输入信息的填空问题、单项选择题、多项选择题，并可指定必答项和非必答项。第三部分是结束语：一般再次向填写者表示感谢或致意。此外注明公司的标志性信息，这是宣传公司形象的好机会。

市场调查

（二）问卷设计问题的原则

（1）客观性原则，即设计的问题必须符合客观实际情况。

（2）必要性原则，即必须围绕调研课题和研究假设设计最必要的问题。

（3）可能性原则，即必须符合被调查者回答问题的能力。凡是超越被调查者理解能力、记忆能力、计算能力、回答能力的问题，都不应该提出。

（4）自愿性原则，即必须考虑被调查者是否自愿真实回答问题。凡被调查者不可能自愿真实回答的问题，都不应该正面提出。

进行网上问卷设计时应注意：问题设计应力求简明扼要，一般所提问题不应超过 20 项；所提问题不应有偏见或误导，避免使用晦涩、纯商业以及幽默等容易引起人们误解或有歧义的语言，同时，不要把两种及以上的问题放在一个问题中；不要诱导人们回答；问题应是能在记忆范围内回答的；必须明确提问的意思和范围；避免引起人们反感的问题。

任务实践

一、任务目标

掌握网络营销推广的基本流程，能够完成网上问卷调研（以问卷星平台为例）、E-mail营销推广、BBS推广、搜索引擎营销（以百度搜索推广为例）和网络广告推广。

二、任务实施

步骤1：网上问卷调研（以问卷星平台为例）。

（1）登录问卷星官网 https://www.wjx.cn/，如图4-26所示，点击右上方的"注册"按钮，打开问卷星用户注册页面，如图4-27所示，根据注册要求，填写用户名、密码、手机号码等信息，完成用户注册。

图4-26　问卷星官网主页

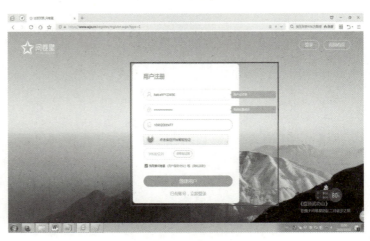

图4-27　问卷星用户注册页面

（2）用已经注册的账号进行登录，进入管理后台。问卷调研分为创建、发放、回收三步，如图4-28所示。点击左上方的"创建问卷"按钮，打开"通用应用"页面，如图4-29所示，选择"调查"类型，调查下方会自动出现"创建"按钮，点击"创建"按钮进行问卷设计。

图4-28　问卷星管理后台

图4-29　"通用应用"页面

（3）根据要求，如图4-30所示，输入调查问卷的标题，进行问卷创建，或者选择"从模板创建问卷""文本导入""人工录入服务"三种方式进行问卷创建。点击"立即创建"按钮后，打开问卷全部可用题型页面，如图4-31所示，根据实际问卷调研的情况进行问卷的具体设计。添加和编辑完所有的题目之后，点击"完成编辑"按钮，如图4-32所示，打开问卷发布页面，进行问卷发布。

（4）发布之后生成问卷链接，如图4-33所示，将问卷链接与二维码发给填写者作答。

图 4-30　创建调查问卷页面

图 4-31　问卷全部可用题型页面

图 4-32　问卷设计完成编辑页面

项目四 网站管理与营销

图 4-33 问卷链接与二维码页面

（5）用户填写完问卷之后，到"分析&下载"页面查看统计结果，如图 4-34 所示，也可以进行分类统计、交叉分析、自定义查询等，同时还可以查看下载答卷、下载报告等。

图 4-34 "分析&下载"页面

步骤 2：E-mail 营销推广。

E-mail 营销是利用电子邮件与受众、客户之间进行商业交流的一种直销方式。

（1）邮件地址的选择。

要针对产品来选择 E-mail 用户，根据公司的产品来定位 E-mail 用户群，以便将宣传效率达到最高。

（2）邮件内容。

这是一封邮件最关键的地方。首先需要有一个醒目的标题，如果没有一个醒目的标题，那么很可能导致目标客户根本不会打开邮件阅读，而直接删除，所以标题一定要有引人注目的地方。

（3）要确保邮件的内容准确。

在发送邮件之前，一定要审核内容，营销团队的人集体审核确保无误才可以发送给客户。

（4）电子邮件的发送。

发送电子邮件一定要注意不要将附件作为邮件内容的一部分，而应该使用链接的形式来让客户看到相应信息，因为邮件系统会自动过滤附件或者限制大小，以免带入病毒。同时也要控制发送频率，次数过多可能会有适得其反的效果。

步骤3：BBS推广。

（1）根据要发布的信息的主题选择讨论组；

（2）阅读当前组中的文章，查看当前存在着哪些话题，哪些话题参与的人较多；

（3）查看有没有与自己要发布的信息类似的文章；

（4）起草自己的推广信息；

（5）发布；

（6）进行定期跟踪，查看自己的信息是否存在，有没有人响应；

（7）根据反馈的信息和效果，进行适当的修改，在适当的时候再次发布。

步骤4：搜索引擎营销（以百度搜索推广为例）。

（1）打开百度网站搜索推广页面 http://www.baidu.com，如图4-35所示，需要注册账号进行登录，注册账号过程如图4-36和图4-37所示。账户注册信息要填写完整，确保注册的公司信息和网站所有者、实际控制人或运营商的信息一致，确保注册信息中的网址主域名与关键词链接的主域名一致。同时，为保护网络安全，百度推广账户采取"实名制"。即用户注册账户后，所提交的公司名称、网站名称、URL网站地址会被锁定；一个账户只可为一家公司的一个网站地址进行推广。

图4-35　百度网站搜索推广页面

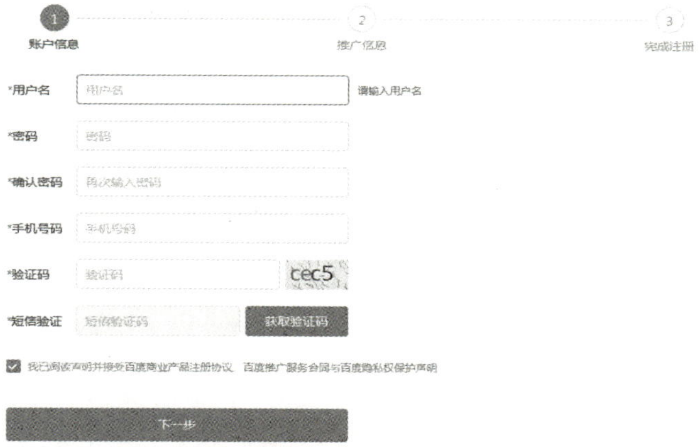

图 4-36　账号注册——填写账户信息

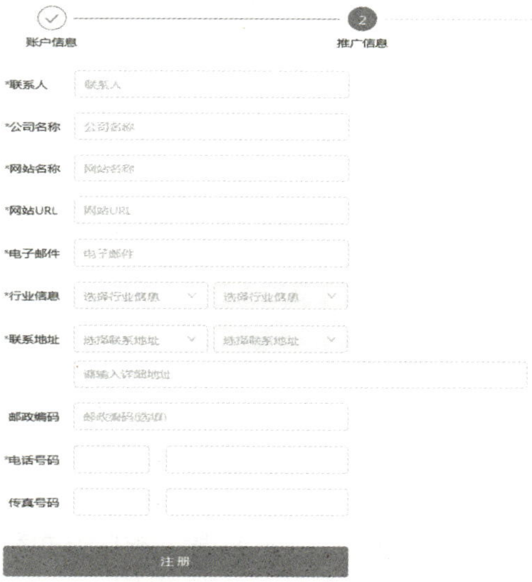

图 4-37　账号注册——填写推广信息

（2）注册登录后，点击搜索推广后面的"进入"按钮，如图 4-38 所示，打开推广页面。

图 4-38　推广产品页面

（3）点击左侧的计划选项，然后点击"新建计划"按钮，如图4-39所示。

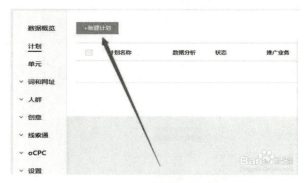

图4-39 新建计划页面

（4）选择要推广的类型，如图4-40所示，填写必要的信息。

图4-40 推广信息设置页面

（5）输入计划的信息，需要设置推广地域、推广时段、推广方式和出价等，其中推广方式选择关键词或者网址都可以，如图4-41所示。

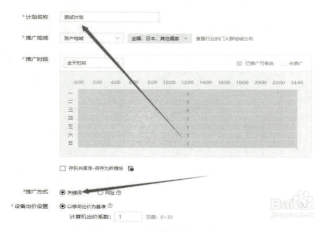

图4-41 计划信息设置页面

（6）最后进入单元创建界面，如图 4-42 所示，在这里设置要推广的关键词以及出价方式，百度推广会根据你的出价进行扣费。完成关键词的设置后，需要给每个单元撰写创意，可以给创意关键词插入通配符，这样可以让创意更好地展现。百度推广创意分为一条标题（限 50 个字符，含标点符号）和两条描述（限 80 个字符，含标点符号）。同时，每一条普通创意下面，都可以添加 5 条附加创意，可以是希望客户能到达的网站内页链接，或是某个产品链接。还可以添加推广电话，搜索用户点击便可以直接拨打。

图 4-42　单元创建界面

步骤 5：网络广告推广。

（1）确定网络广告的目标。网络广告目标的作用是通过信息沟通使消费者产生对品牌的认识、情感、态度和行为的变化，从而实现企业的营销目标。在公司的不同发展时期有不同的广告目标，比如是形象广告还是产品广告，产品广告的目标在产品的不同发展阶段可分为提供信息、说服购买和提醒使用等，可以利用 AIDA 法则（A 是"注意"Attention，I 是"兴趣"Interest，D 是"欲望"Desire，A 是"行动"Action）确定网络广告的目标。

（2）确定网络广告的目标群体。即确定网络广告希望让哪些人来看，确定他们是哪个群体、哪个阶层、哪个区域。只有让合适的用户来参与广告信息活动，才能使广告有效地实现其目标。

（3）进行网络广告创意及策略选择。在进行网络广告创意及策略选择时，要制定明确的标题，广告标题是一句吸引消费者的带有概括性、观念性和主导性的语言；要撰写简洁的广告信息；要发展互动性，如在网络广告上增加游戏功能，提高访问者对广告的兴趣；要合理安排网络广告发布的时间因素，包括对网络广告时限、频率、时序及发布时间的考虑。时限是广告从开始到结束的时间长度，即企业的广告打算持续多久，这是广告稳定性和新颖性的综合反映。频率即在一定时间内广告的播放次数，网络广告的频率主要用在 E-mail 广告形式上。时序是指各种广告形式在投放顺序上的安排。发布时间是指广告发布是在产品投放市场之前还是之后。根据调查，消费者上网活动的时间多在晚上和节假日。

最后，要正确制定网络广告费用预算和设计好网络广告的测试方案。其中一般用于网络广告的预算可依据目标群体情况及企业所要达到的广告目标来确定，既要有足够的力度，也要以够用为度。

（4）选择网络广告发布渠道及方式。网上发布广告的渠道和形式众多，各有所长，企业应根据自身情况及网络广告的目标，选择网络广告发布渠道及方式。目前，可供选择的渠道和方式主要有主页、网络内容服务商（ICP）、专类销售网、企业名录、黄页、网络报纸或网络杂志和新闻组等。

三、任务总结

通过学习，总结整理实施过程中遇到的问题，讨论、整理出解决方案并完成下面的知识及技能总结表格（见表4-4）。

表4-4 知识及技能总结

班级：		姓名：		学号：		完成时间：	
任务名称：			组长签字：		教师签字：		
类别		索引		学生总结		教师点评	
知识点		网络营销的概念与特点					
		网络营销与传统营销的比较					
		网络营销策略					
		网络市场调研的定义、特点、步骤和方法					
技能点		网上问卷调研（以问卷星平台为例）					
		E-mail营销推广					
		BBS推广					
		搜索引擎营销（以百度搜索推广为例）					
		网络广告推广					
操作总结		操作流程					
		注意事项					
反思							

项目五

跨境电子商务

知识目标

- 了解跨境电子商务的发展背景、现状和发展趋势
- 了解跨境电子商务五种模式的定义及其优势和劣势
- 熟悉跨境电商平台的优势和劣势
- 掌握数据纵横定义和功能以及跨境电商经营过程中涉及的专业名词（搜索量、曝光量、浏览量、访客数、老访客数、询盘人数、购买率、商品信息、浏览量、浏览人数、买家数、成交量、成交金额和订单转化率）
- 掌握跨境电子商务常见的商务模式

能力目标

- 能够具有信息采集能力，能根据企业的调研数据完成该公司跨境电子商务建设的简单框架
- 能够根据企业的实际情况选择适合的发展平台
- 能够根据实际情况判断出公司适合的跨境电子商务模式
- 能够独立注册全球速卖通账号（卖家版）
- 能够独立完成跨境电子商务平台上店铺的经营流程

素养目标

- 培养政治敏感性，树立脚踏实地的职业作风、踏实肯干的职业精神
- 洞悉国际市场变化，把握市场脉搏，培养谋定而后动的思维模式，鼓励创新创业，培养探索新商业模式的职业素养
- 辨识时尚中的精髓与糟粕，在大局中能够坚守职业底线，保持职业尊严，为国家经济建设做出自己的贡献

 思维导图

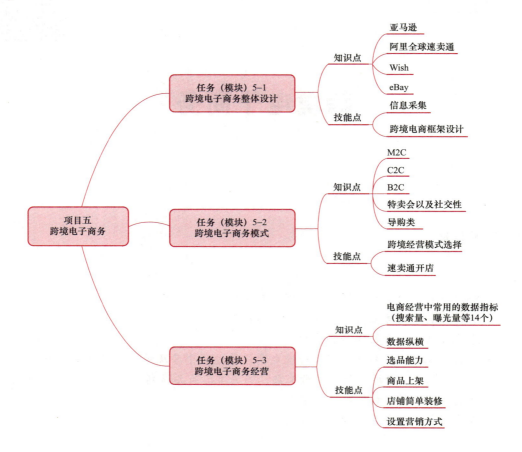

任务 5-1　跨境电子商务整体设计

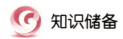 知识储备

一、知识点

在本任务中需要了解跨境电商四大平台及其优势和劣势,为后面的依托平台的筛选做知识储备。

(一)亚马逊(Amazon)

亚马逊公司是一家总部位于美国西雅图的跨国电子商务企业,业务起始于线上书店,不久之后商品走向多元化。目前是全球最大的互联网线上零售商之一,也是美国《财富》

杂志 2016 年评选的全球最大 500 家公司排行榜中的第 44 名。

优势：

（1）高流量。亚马逊网站平均每月能吸引到近 2 亿用户的访问，这意味着在亚马逊销售，你可以接触很多在其他渠道得不到的顾客。许多顾客更喜欢电商平台上的购物体验，他们希望可以在一个网站上购买所有的商品。绝大部分流量来自亚马逊的流量池本身，而亚马逊的流量怎么到你的 Listing，目前来说绝大部分是靠关键词搜索。另外一部分也是亚马逊的 PPC（广告流量），属于付费流量，通过特定关键词或者其他广告位的投入，你的产品会得到更大的曝光量。

（2）物流优势。亚马逊有自己的物流仓储服务体系，亚马逊 FBA 海外中转仓提供多样化、个性化的头程服务。专业代理亚马逊 FBA 头程运输、FBA 代清关、FBA 退换标、短期仓储等 FBA 一条龙服务。（文案出处链接：https://www.maigoo.com/news/574077.html）

（3）重产品，轻店铺。亚马逊是以买家为中心的，所以更注重买家买到的产品，只有卖家用心做好产品、做好营销生意才会好起来。

（4）优质的买家和超高的利润。亚马逊的买家基本都是中高收入群体，而且综合素质较高，退换货率低。亚马逊也是客单价最高的一个电商平台，利润也是很可观的。

（5）广告影响力度小，推荐力度大。亚马逊对于刚开的店铺有三个多月的新手保护期，这对于新手及新店铺是一个很大的扶持力度，并不是说你的商品广告多、位置优就能上推荐，事实上只要产品好，就会给你足够的推荐和曝光度。

劣势：

（1）店铺注册复杂，需要准备的资料较多，同时审核严格，一旦不符合要求就会封店。

（2）亚马逊的规则比较严格，对于卖家的要求比较高。

（二）阿里全球速卖通（Aliexpress）

全球速卖通正式上线于 2010 年 4 月，是阿里巴巴旗下唯一一面向全球市场打造的在线交易平台，被广大卖家称为"国际版淘宝"。全球速卖通面向海外买家，通过支付宝国际账户进行担保交易，并使用国际快递发货，是全球第三大英文在线购物网站。

优势：

（1）速卖通是阿里系列的平台产品，中英文版页面操作简单，适合初级卖家上手。另外，阿里巴巴一直有非常好的社区和客户培训体系，可以快速入门。

（2）速卖通平台适合初级卖家，尤其是其产品特点符合新兴市场的卖家，产品性价比较高，有供应链优势，寻求价格优势的卖家，最好是供应商直接拿货销售。

（3）速卖通的特点是价格比较敏感，低价策略比较明显，这也跟阿里巴巴导入淘宝卖家客户策略有关，很多人现在做速卖通的策略类似于前几年的淘宝店铺。

（4）速卖通作为阿里巴巴未来国际化的重要战略产品，已成为全球最活跃的跨境电商平台之一，并依靠阿里巴巴庞大的会员基础，成为目前全球产品品类最丰富的平台之一。

（5）速卖通的侧重点在新兴市场，特别是俄罗斯和巴西。每月登录全球速卖通服务器的俄罗斯人近 1 600 万人，现在注册更加容易。

劣势：

（1）利润率低：进入门槛低，导致杀价严重。

（2）单店产出低：平台调控流量严重，尤其是优质的流量，单店没有到达第四层级很难出大爆款（日均 100 单以上链接）。

（3）阿里喜欢变化，多变的平台规则是最让卖家头痛的。

总结：速卖通适合跨境新人，尤其是产品特点符合新兴市场的卖家，产品有供应链优势，价格优势明显的卖家，最好是工厂直接销售。

（三）Wish

作为 Wish 开展业务的 ContextLogic Inc. 是一家在线电子商务公司。它由 Google 和雅虎的前程序员 Peter Szulczewski 和 Danny Zhang 于 2010 年创立。2017 年，Wish 移动购物应用程序在 iOS 和 Android 平台上拥有超过 1 亿用户。

优势：

（1）不同于亚马逊、eBay、速卖通等跨境电商平台，Wish 有更多的娱乐感，有更强的用户黏性。亚马逊、eBay 等平台是由 PC 端发展起来的传统电商，更多的是注重商品的买卖交易；Wish 虽然本质上也是提供交易服务的电商平台，但其专注于移动端的"算法推荐"购物，呈现给用户的商品大多是用户关注的、喜欢的，每一个用户看到的商品信息不一样，同一用户在不同时间看到的商品也不一样。

（2）不同于 Wanelo 等社交导购网站，Wish 不依附于其他购物网站，本身就能直接实现闭环的商品交易。作为社交导购网站，用户在 Wanelo 发现自己喜欢的商品后，如果需要购买，则会跳转到相应的购物网站上，无疑妨碍了购物体验。在 Wish 平台上，用户在浏览到自己喜欢的商品图片后，可以直接在站内实现购买。

（3）不同于 Pinterest 等社交图片网站，Wish 提供商品的购买服务。在 Pinterest 上，用户可以收集并分享自己喜欢的图片，但如果想要拥有图片上的商品，却只能通过其他渠道购买。Wish 上面也有大量的精美商品图片，但只要用户喜欢，便可以随时购买。

不足：

Wish 更偏向于客户，因此卖家在退货纠纷中处于不利地位，产品审核期更长，平台佣金更高，物流解决方案还不够成熟。

（四）eBay

eBay（EBAY，中文电子湾、亿贝、易贝）是一个可让全球消费者上网买卖物品的线上拍卖及购物网站。eBay 于 1995 年 9 月 4 日由 Pierre Omidyar 以 Auctionweb 的名称创立于美国加利福尼亚州圣荷塞。人们也可以在 eBay 上通过网络出售商品。如今 eBay 已有 1.471 亿注册用户，有来自全球 29 个国家的买家，每天都有涉及几千个分类的几百万件商品销售，成为世界上最大的电子集市。

特点：

（1）eBay 的开店门槛比较低，但是需要的东西和手续比较多，比如发票、银行账单等，所以准备开店的人需要对 eBay 的规则非常清楚。

（2）eBay 开店是免费的，但上架一个产品需要收取费用，这跟国内的淘宝还是有很大区别的。

（3）eBay 的审核周期很长，一开始不能超过 10 个商品，而且只能拍卖，需要积累信誉才能越卖越多，而且出业绩和出单周期也很长，积累时间有时候让人受不了，只能慢慢等待。

（4）如果遇到投诉是最麻烦的事情，店铺被封是常有的事情，所以质量一定要过关。

总结：对于 eBay 的选择，应该有产品的地区优势，比如产品目标市场在欧洲和美国。eBay 操作比较简单，投入不大，适合有一定外贸资源的人做，不适合新手使用。

二、技能点

（1）信息采集是指通过对商品的调研和研究采集相关信息，便于在网店上更加形象地立体展示商品的属性，这需要参与者公平公正地使用工具对商品本身的功能和属性进行体验和提取，这是跨境电子商务从业者必备的技能之一。

（2）跨境电子商务框架设计是在正式开始创业前，从业者需要对店铺定位、店铺功能及店铺未来发展进行具有全局观的设计的必要环节，只有搭建出具有良性循环的商务框架才能使得创业有一个好的开始。

任务实践

一、任务目标

（1）搜集跨境电子商务的相关资料，了解跨境电子商务的发展背景；
（2）查找相关数据，判断跨境电子商务发展的未来；
（3）调研、分析某企业的市场数据，判断其适合的跨境电子商务平台和经营模式。

二、任务实施

步骤1：与某熟悉的企业合作，完成该企业整体调研市场数据，分析整理其自身经营数据，规划跨境电子商务发展的路线。

市场调研过程中会利用信息采集技术和方法。其中可以使用的方法有询问法。询问法由调查者事先拟定具体的调研提纲，然后向被调查者以询问的方式得到想要调查了解的问题的答案，以此来采集有关信息资料。

（1）当面调查询问法。优点：比较机动灵活，不受时间、地点的限制，得到的资料也往往比较真实。缺点：花费的人力、物力、财力会比较大。

（2）电话调查法。

（3）会议调查询问法。缺点：与会者往往存在从众的心理，受别人影响大，调查会的效果好坏与会议组织者的组织能力、业务水平和工作能力有很大的关系。

（4）邮寄调查询问法。缺点：花的时间比较长，最大的问题是回收率低。

（5）问卷调查询问法。优点：费用适中，回收率较高，效果良好。

还可以采用网络调研系统，其主要有 E-mail 问卷、交互式计算机辅助电话访谈系统和网络调研系统三种基本类型。网络调研系统运用专门的问卷链接及传输软件，问卷由简易的可视编辑器产生，自动传送到互联网服务器上，通过网站使用可以随时在屏幕上对回答数据进行整体统计或图表统计。当然如果企业资金允许，可以购买信息采集软件，或者把调研部分分包给第三方专业机构。

步骤2：根据该企业调研的数据及最后的发展规划做出决策，其在跨境电子商务领域中选择依托平台及经营模式。企业拓展跨境电商基本流程如图5-1所示。

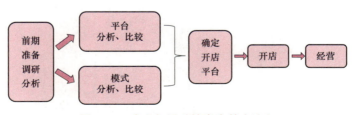

图5-1 企业拓展跨境电商基本流程

三、任务总结

在本次实践任务中，需要关注的是跨境电子商务整体发展的趋势和方向，这需要具有信息采集的能力，可以利用文中介绍的方法，以及在互联网的数据中进行调研、查找和选择所需要的内容，最终为该企业做出适合其跨境电子商务的经营平台和经营模式的判断。最后总结整理实施过程中遇到的问题，讨论、整理出解决方案并完成下面的知识及技能总结表格（见表5-1）。

表5-1 知识及技能总结

班级：		姓名：	学号：	完成时间：
任务名称：		组长签字：	教师签字：	
类别	索引		学生总结	教师点评
知识点	亚马逊			
	阿里全球速卖通			
	Wish			
	eBay			
技能点	信息采集			
	跨境电商框架设计			
实施总结	过程和方法			
	注意事项			
反思				

任务 5-2　跨境电子商务模式

 知识储备

一、知识点

（一）M2C

M2C 即 Manufacturers to Consumer（生产厂家对消费者），是生产厂家（Manufacturers）直接对消费者（Consumers）提供自己生产的产品或服务的一种商业模式，特点是流通环节减少至一对一，销售成本降低，从而保障了产品品质和售后服务质量。

优势：

模式轻，投入低，虽然没有盈利模式，但是由于跨境本身的特殊时效性，现金流的周转期非常长，盈利不是最重要的，平台要做的就是提高成交量。京东 10 年亏本，依然上市，足以说明了问题。平台模式最重要的是将互联网本质效应发挥到最大，减少所有中间环节，这就是电子商务的本质。

劣势：

（1）无盈利点；

（2）对商品质量无法控制；

（3）售后服务差，跨境纠纷毕竟和国内不同，一旦有问题，退换货非常烦琐。

（二）C2C

C2C 是英文 Customer to Customer 的缩写，即消费者对消费者。C2C 电子商务模式是消费者同消费者通过互联网平台进行商品交易的模式。在 C2C 跨境电子商务中，不可或缺的三个要素是：卖方、买方和 C2C 电子商务平台。

优势：

相对商家而言，买手的数量巨大。在无法找到合适的商家之前，买手模式是最合适做平台的。对于买手而言 SKU（Stock Keeping Unit，库存量单位）的问题容易解决，同时还会将自己的成熟客户引入平台，帮助平台营销。做得早的话，更是容易抢占山头，早期淘宝就是最好的例子，如果一开始就做商家，绝对做不起来，只有靠小 C 才能慢慢过渡到商家，现金流沉淀大。

劣势：

（1）管理成本高，售后客诉量巨大；

（2）假货太多；

（3）后台功能如果做得不好，容易流失买手；

（4）物流时效性无法控制；

（5）同质化竞争激烈，商品重复太多；

（6）纯 App 的界面展示有限，会造成大量冗余信息，能否有效阻止好商品信息的展现是个需要思考的问题；

（7）无盈利模式。

（三）B2C

B2C 是 Business to Customer 的缩写，表示商业机构对消费者的电子商务。B2C 模式下，我国企业直接面对国外消费者，以销售个人消费品为主，物流方面主要采用航空小包、邮寄、快递等方式，其报关主体是邮政或快递公司。

优势：

（1）采购价格低，所以容易以便宜的价格吸引消费者，因为跨境海淘的本质就是"我要既便宜又好的商品"，便宜是很重要的一个特质；

（2）商品质量容易把控，售后难度不高，客诉率不高；

（3）由于物流统一，相对在时效上更容易控制，商品能以最短的时间到达消费者手里；

（4）由于有足够的资金支持，在品类上又可以横向铺得很开，比较容易丰富产品线。

劣势：

（1）很烧钱；

（2）盈利微薄，虽然有商品的利差，但是由于人员成本、物流成本，货款上面的资金过高，所以其实能够做到不亏本已经是非常强悍了，因为初期基本是靠烧钱抢市场的；

（3）模式过重，门槛太高，所以可能是跨境电子商务未来阶段的模式，而不是现在适合去做的，只能由成熟的电子商务去做，创业者绝对不要去碰 B2C。

（四）特卖会

特卖会一般是指在特定的时间段，以优惠的价格出售指定的商品，在电商模式里可以理解为限时抢购模式。该模式以限时限量的抢购方式抓住了消费者对品牌的渴望，以低折扣的优惠吸引"价格敏感"人群，使得消费者能够第一时间买到心仪的品牌商品。

优势：

（1）特卖本身的性质符合海淘的特征，海淘本身的货源采购通常都是不确定的，正好符合特卖会的本质，卖完结束；

（2）有钱可以拿到很低折扣，有足够利润空间；

（3）特卖会本身容易提高用户回头率，每天都有新商品，新鲜感是互联网的营销核心；

（4）由于跨境海淘的时效特殊性，所以基本上跨境的现金都是先收取然后再采购，特卖会是最大化地利用现金流，这才是跨境特卖模式的核心价值之一。

劣势：

（1）与 B2C 一样，无论你有多少钱，面对世界依然远远不够，所以开放平台是特卖会以及 B2C 都会做的事情，第一阶段的自营只会持续一小段时间，供应链的完善就是为后面渠道商接入服务的；

（2）进入门槛低，谁都可以尝试，竞争激烈；

（3）小玩家容易被巨头淘汰；

（4）物流成本高；

（5）需要有很强的企业背景或者海外货源背景，否则很难经营起来。

（五）社交性导购类

所谓社交性导购就是通过社交、口碑、互动、分享这些社交功能，将社交的口碑效应扩大化，通过"粉丝"效应去强化品牌，在人群中获取属于自己的忠实"粉丝"。

优势：

（1）团队小，模式轻，投入不多；

（2）有品牌效应，用户忠诚度高，有权威；

（3）擅长炒作一些商品和打造爆款。

劣势：

（1）由于模式很轻，所以极度依赖外部供应商，供应链需要外包，比较不容易把控质量及时效；

（2）即使找到合适的供应商及供应链的外包公司，但是在可复制上面较差，商业模式的复制性不强，规模不容易快速扩大；

（3）进入门槛不高，不容易形成壁垒，除非做得早。

二、技能点

（1）创业者能够根据当时的市场情况和自身条件进行分析，同时与同类型的店铺进行对比，判断公司适合哪种跨境电子商务经营模式。

（2）具备在速卖通平台注册账号并顺利完成开通店铺的操作能力，其中需要掌握速卖通平台开店规则及注意事项，提前准备好开店需要的资料，能够按照平台提示完成店铺注册开通。

任务实践

一、任务目标

根据企业实际情况,独立完成跨境电子商务平台速卖通的注册,完成开店的初级准备。

二、任务实施

步骤1:资料准备。

首先,需要了解速卖通平台可以销售的类目和禁止销售的类目。其次,要了解平台规则和一些产权限制销售规则,避免经营过程中因为侵权违规被处罚。再次,还要了解需要向平台缴纳的费用,速卖通入驻虽然免费,但是需要缴纳保证金1万~5万元,不同类目冻结的保证金是不一样的,交易时平台还会收取交易的5%~8%的佣金。最后,最好还要准备一些入驻的资料,邮箱+手机+企业支付宝(或者邮箱+手机+企业法人支付宝(需要营业执照));如果需要添加品牌的话,还需要准备商标注册证或者商标受理书。

步骤2:直接输入网址:https://sell.aliexpress.com,如图5-2所示。

图5-2 全球速卖通卖家首页

打开首页后,点击右上角的"立即入驻"。

步骤3:注册开店。

(1)点击注册,弹出页面,注册账号,完成内容选择,如图5-3所示。

图 5-3　选择"公司注册所在国家"

（2）点击下一步弹出新页面，完成注册账号内容填写，如图 5-4 所示。

图 5-4　注册账号内容填写页面

（3）系统会给注册的手机号码发送验证码，验证真实性。
（4）系统会给注册的邮箱发送验证码，验证真实性。
（5）验证完成后，使用登录名和登录密码重新进入注册环节，如图 5-5 所示。

图 5-5 重登录页面

（6）使用登录名重新登录后进入完善信息环节，如图 5-6 所示。

图 5-6 完善信息页面

在此页面里完成经营币种和实名认证的方式的选择，在实名认证中可以选择企业支付宝跟法人支付宝认证，二选一就可以了，两种认证方式的支付宝授权认证和法人支付宝授权认证的内容相同，具体如下：

① 支付宝授权认证弹出的新页面如图 5-7 所示。

图5-7 支付宝授权认证页面

② 法人支付宝授权认证弹出的新页面如图5-8所示。

图5-8 法人支付宝授权认证页面

通过之后会提示要提交公司执照、补充公司资料，点击提交，及时刷新后看审核过程，一般2~3天通过，即可进入后台。

步骤4：进入后台，申请经营大类跳转至"我的申请"，选择自己要做的类目即可，如图5-9所示。

图5-9 类目申请

大类目申请过后看对应类目需不需要商标,不需要商标的直接绑定支付宝冻结保证金了。至此速卖通开店完成。

三、任务总结

该任务实操性强,需要具有独立完成的能力,这也是通过跨境电子商务学习而提高的基本能力。在完成任务中的实践步骤时,根据步骤进行注册即可,但是在完成过程中需要认真学习和思考,不同的选择会有不同的模式相对应,对企业的后续发展是有一定影响的。在完成全部内容后,需要对过程中产生的资料内容进行整理,对实践过程中出现的问题进行整理,进行后期的讨论分析,得出解决方案。最后完成下面的知识及技能总结表格(见表5-2)。

表5-2 知识及技能总结

班级:		姓名:		学号:		完成时间:	
任务名称:			组长签字:		教师签字:		
类别		索引		学生总结		教师点评	
知识点		M2C					
		C2C					
		B2C					
		特卖会					
		社交性导购类					
技能点		模式选择					
		速卖通注册					
操作总结		操作流程					
		注意事项					
反思							

任务 5-3　跨境电子商务经营

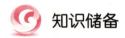
知识储备

一、跨境电子商务经营需要以下知识点和技能点，首先是知识点

（1）搜索量：某个关键词被买家搜索的次数；
（2）曝光量：卖家的商品信息在速卖通网站被买家看到的次数；
（3）浏览量：卖家的商品或商铺首页被买家点击浏览的次数；
（4）访客数：访问过店铺商品或商铺的买家人数；
（5）老访客数：数据纵横中的老访客是指到访问过 AliExpress 的买家；
（6）询盘人数：联系过卖家或有联系意向的买家数；
（7）购买率：访客数/下单买家数的比率；
（8）商品信息：商品的标题、主图及行业，点击可进入该商品的管理页面进行预览、编辑；
（9）浏览量：该商品被买家浏览的次数总和；
（10）浏览人数：浏览该商品的买家数；
（11）买家数：对该商品下单的买家数；
（12）成交量：该商品成交（支付成功）的订单量；
（13）成交金额：该商品的成交金额；
（14）订单转化率：成交量/浏览量，该商品的订单转化情况；
（15）数据纵横：全球速卖通针对卖家的商铺流量、商品及访客进行分析的工具，主要有三个功能，分别是商铺流量概况、热门商品和访客地域分析，这些功能都能够帮助卖家更好地搜集商铺分析的一些数据。

二、技能点

选品从广泛的角度讲就是符合平台要求的商品，就是能够选择的商品，违反平台规定的商品是不能选择的商品；而常规的选品步骤可以分为三步：第一步，了解店铺所在平台的十大热卖行业；第二步，了解店铺所在平台的热销产品推荐；第三步，通过数据分析软件进行数据分析，全面地了解各行业数据，如购买率、竞争力、成交单价等，帮助企业更好地选择经营产品线，制定精准的商铺经营方案。

任务实践

一、任务目标

（1）完成速卖通店铺中商品的选品任务；
（2）完成店铺中商品的上架；
（3）完成店铺的基本装修，正式开始经营。

二、任务实施

（一）准备工作

店铺所投放国家的相关政策（如海关、税、违规商品、知识产权等）和文化的学习。

（二）实施步骤

步骤1：选品（利用数据纵横选品）。

数据纵横是速卖通基于平台海量数据打造的一款数据产品，卖家可以根据数据纵横提供的功能——选品专家，为自己的店铺选品指导方向，做出正确决策。

实操步骤1
数据纵横

选品专家以行业为维度，提供行业下热卖商品和热门搜索关键词的数据，让企业能够查看海量热卖商品资讯并多角度分析买家搜索关键词。企业可以根据选品专家提供的内容调整产品，优化关键词设置。

（1）进入"我的速卖通"，点击"数据纵横"，在左侧导航点击"选品专家"，如图5-10所示。

图5-10　数据纵横页面

（2）行业热卖产品的筛选。企业可以根据行业类目和时间范围选择需要查看的行业，如图5-11所示。

图5-11　行业类目和时间选择框

选择行业后，可以查看 30 条该行业热卖的产品及产品图片、标题、关键字、价格、在线状态。如果产品在该时间已经下架，那么产品的基础信息仍然显示，但是产品链接不可点击。

（3）热门关键词的筛选。此功能将提供给卖家所选行业下 TOP100 的关键词，以及对应搜索量、行业匹配度和产品热度，还可以根据这些指标对关键词进行排序，如图 5-12 所示，筛选出的关键词可以为选品提供更精准的判定数据。

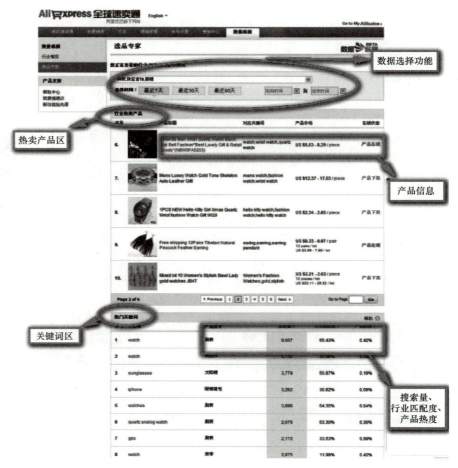

图 5-12　选品专家页面

步骤 2：商品上架。
（1）商品信息。
① 产品分组：产品分组的操作方法如图 5-13 所示。

实操步骤 2
产品上架

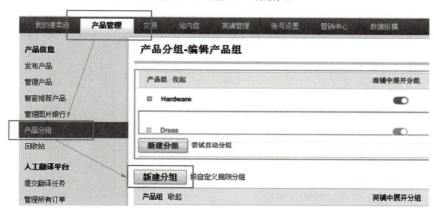

图 5-13 产品分组页面

产品分组的用途和好处：
A. 不同品类产品各就其位，方便买家找到产品。
B. 产品线更加清晰，方便卖家管理。
C. 个性化的产品分组方便卖家做营销。

产品分组基本内容：卖家可以创建个性产品分组，在产品大组下也可以创建子分组，创建成功后，可以对组进行修改命名，添加新的产品进入产品组，如图 5-14 所示。

图 5-14 创建分组信息编辑页面

② 自定义信息模块——关联产品模块的操作方法。
产品信息模块的用途和好处：
可以放入产品、文字、图片，插入链接，方便卖家做营销。
每个商品详情页都可以使用，一次修改，全部更新。
产品信息模块分两种：关联产品模块（能插入 1~8 个商品超链接图片）；自定义模块（文字、图片、超链接）。
第一，在产品管理界面选择模板管理下的"产品信息模块"，如图 5-15 所示。

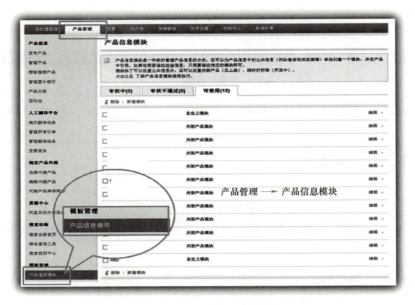

图 5-15　产品信息模块界面

第二，模块类型选项中点击"关联产品模块"，按图示填写内容，点击"继续"按钮，如图 5-16 所示。

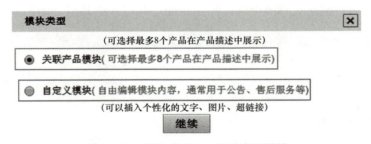

图 5-16　模块类型——关联产品模块

第三，填写相关内容，将信息填满，如图 5-17 所示。

内容参考图示中的提示，填写完毕后点击"提交"。

第四，当模块类型选择"自定义模块"后，点击"继续"按钮，如图 5-18 所示。

第五，填写相关内容，完成自定义模块的设定，具体如图 5-19 所示。

③ 属性的重要性。

采购需求明确的买家在对关键字搜索之后，还会根据某些属性进行进一步的筛选。只有填写了对应属性的产品，才会在买家点击筛选条件后出现。

详细准确地填写系统推荐和自定义产品属性，可以方便买家更精准地搜索到卖家的产品，提高曝光机会，更重要的是让买家清晰地了解卖家产品的重要属性，减少买家的顾虑和沟通的成本，提升交易成功的概率。通过分析成交数据，我们发现大部分成交较多的卖家，不仅填全了系统提供的属性，同时也主动添加了许多买家关注的产品属性。

项目五 跨境电子商务

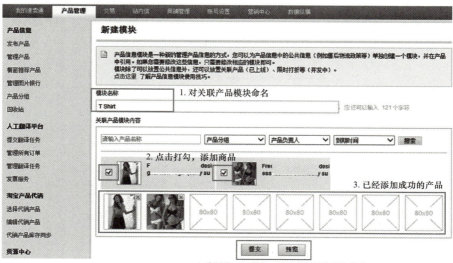

图 5-17 新建模块页面

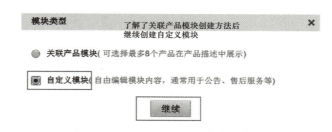

图 5-18 模块类型——自定义模块

图 5-19 自定义模块界面

发布页面如图 5-20 所示。

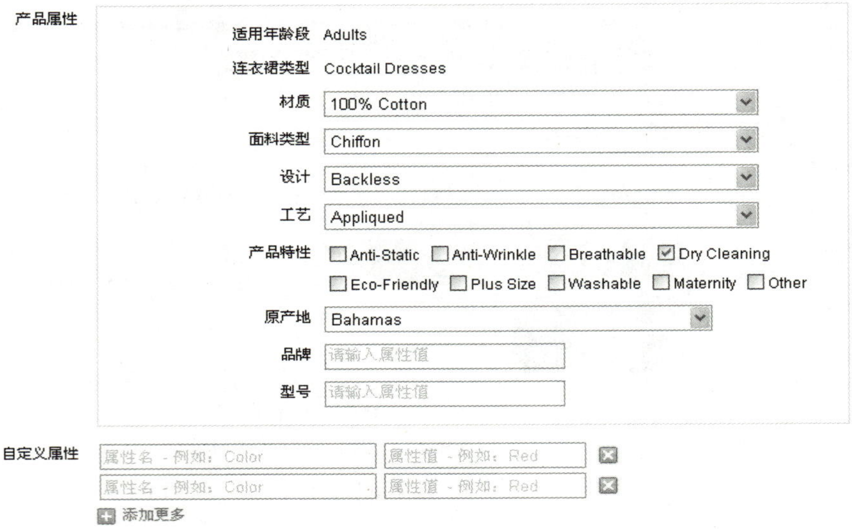

图 5-20 商品发布页面

买家所见分组展示如图 5-21 所示。买家所见商品信息页面如图 5-22 所示。

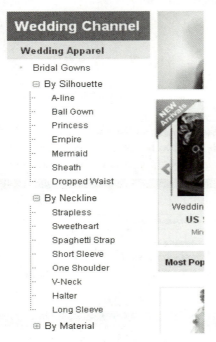

图 5-21 买家所见分组展示

图 5-22　买家所见商品信息

（2）标题和关键词。标题和关键词直接影响排序曝光，产品标题和关键词支持站内外关键字搜索。产品标题、关键词的匹配度，会影响产品在搜索结果页面的排序曝光。

产品标题是吸引买家进入产品详情页的重要因素。产品标题的字数不要太多，应尽量准确、完整、简洁。产品标题支持站内外关键字搜索，一个专业的产品标题能让卖家从搜索页面中上万的优质产品中脱颖而出。优质的产品标题应该包含买家最关注的产品属性，能够突出产品的卖点：

A. 产品的关键信息以及销售的亮点；

B. 销售方式及提供的特色服务；

C. 买家可能搜索到的关键词：一般可为物流运费+服务+销售方式+产品材质/特点+产品名称。

热卖产品实例：

图 5-23 所示为热卖产品标题实例。

图 5-23　热卖产品标题实例

优秀标题范例：

箱包类优秀标题范例如图 5－24 所示。

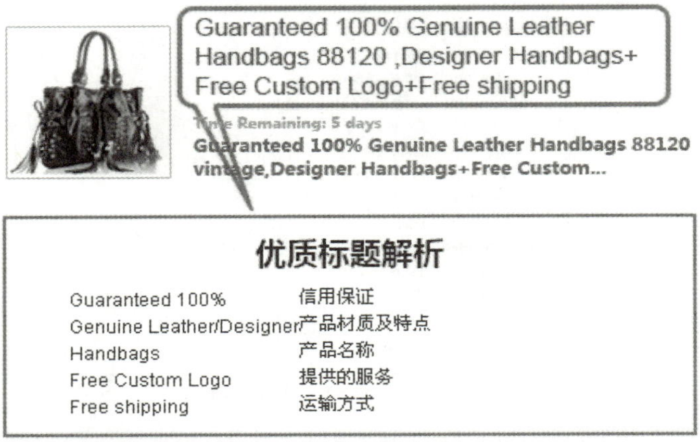

图 5－24　箱包类优秀标题范例

服装类优秀标题范例如图 5－25 所示。

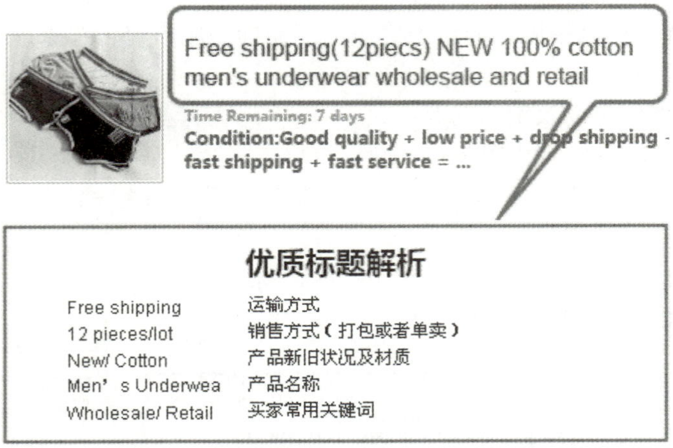

图 5－25　服装类优秀标题范例

初学商品标题的卖家可模仿爆款或热销的同类商品的标题，一般可按照以下规则书写：物流运费+服务+销售方式+产品材质/特点+产品名称。

但是要避免标题设置中常见的误区，如关键词重复、堆砌，这会导致产品排序降权、靠后，如图 5－26 所示。

Cell phone, mobile phone, mobile telephon
e, oem cell phone

图 5－26　错误的商品标题

（3）定价。

定价基本方法如下：

① 了解海外产品的零售价格。了解速卖通买家海外零售价对卖家定价是很有帮助的。卖家可以登录 eBay 了解海外零售价，输入卖家所销售产品的关键词，再从复选框里选中"Buy it now"，查看产品海外销售价格。

② 计算买家的意愿采购价格。海外的零售价格除了采购成本还包括以下部分：eBay 或线下手续成本；零售商海外在线采购需要的利润刺激。这部分的总额将会占到整个产品海外销售价格的 30%～55%（不同产品的数值会有所不同）。

③ 扣除运费设置合理的产品价格。此时，买家意愿采购价包含了卖家产品的销售价格、物流运费。从中除去运费成本就能得到卖家比较合理的采购价格。注意：原则上卖家的产品定价加上运费应小于买家的意愿采购价。

产品价格设置操作具体如下：

A. 产品规格：此项为选填项，如 MP4 产品有 2G、4G 等，可在产品规格中填写"MP4 2G"。

B. 供应商价：指的是产品实际的销售价格，由卖家填写。此数目为卖家最后收到货款的数目。

C. 网上售价：指的是买家所看到的价格，是系统根据供应商价自动计算出来的。

D. 交货时间：指买家成功下单后，卖家执行订单至成功发货期间的天数。此项由卖家自定义，这里不含物流公司的运输时间（交货期限只能填写 3～60 天）。

如果同一产品拥有不同的规格，卖家也可以针对不同的规格在不同的数量区间设置各自的价格和交货期。

总之，产品的起定量设置不应该过大，过大会让一些想测试订单的买家或个人消费者无法进行交易，降低成交概率。另外，建议多设计几个价位区间，让价格和采购量尽量能满足多层次客户的需求，而且不同区间的价位尽量形成明显的差距，这样能鼓励客户多买。

产品价格界面如图 5-27 所示。

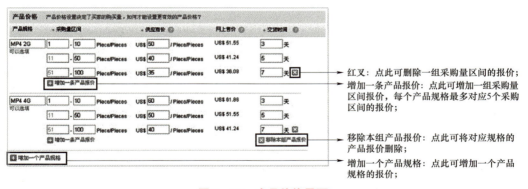

图 5-27 产品价格界面

特别提醒：

如果选择按件出售商品，即在产品包装信息的销售方式一栏选择的是"按 Piece/Pieces

出售",如图 5-28 所示,那么卖家需要在产品价格信息中填入的价格为每一件商品的价格,如图 5-29 所示。

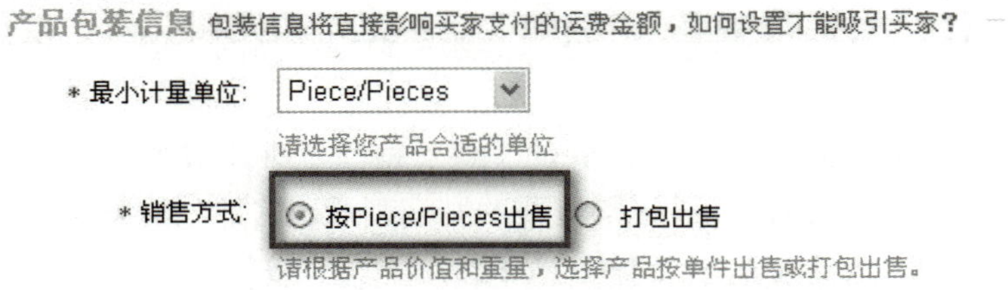

图 5-28　产品包装信息界面——按 Piece/Pieces 出售

图 5-29　选"按 Piece/Pieces 出售"后产品价格界面

如果选择打包出售商品,那么需要在产品价格信息中填入的价格为每包的产品价格。例如,卖家选择了打包出售的销售方式,每包商品设定为 10 件,那么也就是说,卖家需要在产品信息中填入的价格是 10 件商品的价格,如图 5-30 所示。

图 5-30　产品包装信息——打包出售

注意:现在有不少卖家将打包价格误填为单件产品的价格,这样会导致产品价格过低,无法正常发货并完成交易,甚至还有可能引发交易纠纷,影响卖家在全球速卖通平台的后续发展。关注点是"包",如图 5-31 所示。

(4) 物流。

① 邮政包裹模式:据不完全统计,中国出口跨境电商 70%的包裹都是通过邮政系统投递。其中中国邮政占 50%左右。因此,目前跨境电商物流还是以邮政的发货渠道为主。邮政网络基本覆盖全球,比其他物流渠道都要广。这主要得益于万国邮政联盟和卡哈拉邮政组织(KPG)。不过,邮政的渠道虽然比较多,但也很杂。在选择邮政包裹发货的同时,必须注意出货口岸、时效、稳定性等。像从中国通过 E 邮宝发往美国的包裹,一般需要 15 天才可以到达。

图 5-31 选"打包出售"后产品价格界面

② 国际快递模式：国际快递模式指的是四大商业快递巨头 DHL、TNT、UPS 和联邦。这些国际快递商通过自建的全球网络，利用强大的 IT 系统和遍布世界各地的本地化服务，为网购中国产品的海外用户带来极好的物流体验。例如通过 UPS 寄送到美国的包裹，最快可在 48 小时内到达。然而，优质的服务往往伴随着昂贵的价格。一般中国商户只有在客户时效性要求很强的情况下，才使用国际商业快递来派送商品。

③ 国内快递模式：国内快递主要指 EMS、顺丰和"四通一达"。在跨境物流方面，"四通一达"中申通和圆通布局较早，但也是近期才发力拓展。比如美国申通在 2014 年 3 月才上线，圆通也是 2014 年 4 月才与 CJ 大韩通运合作。而中通、汇通、韵达则是刚刚开始启动跨境物流业务。

顺丰的国际化业务则要成熟些，目前已经开通到美国、澳大利亚、韩国、日本、新加坡、马来西亚、泰国、越南等国家的快递服务，发往亚洲国家的快件一般 2～3 天可以送达。

在国内快递中，EMS 的国际化业务是最完善的。依托邮政渠道，EMS 可以直达全球 60 多个国家，费用相对四大快递巨头要低。此外，中国境内的出关能力很强，到达亚洲国家是 2～3 天，到达欧美则要 5～7 天。

④ 专线物流模式：跨境专线物流一般是通过航空包舱方式运输到国外，再通过合作公司进行目的国的派送。专线物流的优势在于其能够集中大批量到某一特定国家或地区的货物，通过规模效应降低成本。因此，其价格一般比商业快递低。

在时效上，专线物流稍慢于商业快递，但比邮政包裹快很多。市面上最普遍的专线物流产品是美国专线、欧美专线、澳洲专线、俄罗斯专线等。也有不少物流公司推出了中东专线、南美专线、南非专线等。

⑤ 海外仓储模式：海外仓储服务指为卖家在销售目的地进行货物仓储、分拣、包装和派送的一站式控制与管理服务。确切地说，海外仓储应该包括头程运输、仓储管理和本地配送三个部分。

选择这类模式的好处在于，仓储置于海外不仅有利于海外市场价格的调配，同时还能降低物流成本。拥有自己的海外仓库，能从买家所在国发货，从而缩短订单周期、完善客户体验，提升重复购买率。结合国外仓库当地的物流特点，可以确保货物安全、准确、及时地到达终端买家手中。

然而，这种海外仓储的模式虽然解决了小包时代成本高昂、配送周期漫长的问题，但是值得各位跨境电商卖家考虑的是，不是任何产品都适合使用海外仓。最好是库存周转快的热销单品采用此类模式,否则,极容易压货。同时,这种方式对卖家在供应链管理、库存管控、动销管理等方面提出了更高的要求。

给跨境电商卖家的建议:首先应该根据所售产品的特点(尺寸、安全性、通关便利性等)来选择合适的物流模式。比如大件产品(如家具)就不适合走邮政包裹渠道,而更适合海外仓模式。

速卖通后台物流模板的设置以"AliExpress 无忧物流"为例,其操作如下:

第一,登录"速卖通卖家后台",点击"产品管理"中的"模板管理"中的"运费模板",如图 5-32 所示。

图 5-32 模板管理界面

第二,点击页面中的"新增运费模板",如图 5-33 所示。

图 5-33 新增运费模板按钮位置

第三，请输入运费模板英文名称，例如 AliExpress shipping，并点击页面中的"展开设置"，如图 5-34 所示。

图 5-34 运费模板名称设置

第四，在不同的类型下勾选所需要的物流方案，并设置物流运费及承诺时效，如图 5-35 所示。速卖通无忧物流中的承诺运达时间由平台默认设置，卖家不能调整。卖家可以点击"查看承诺时效详情"了解不同国家的时效。

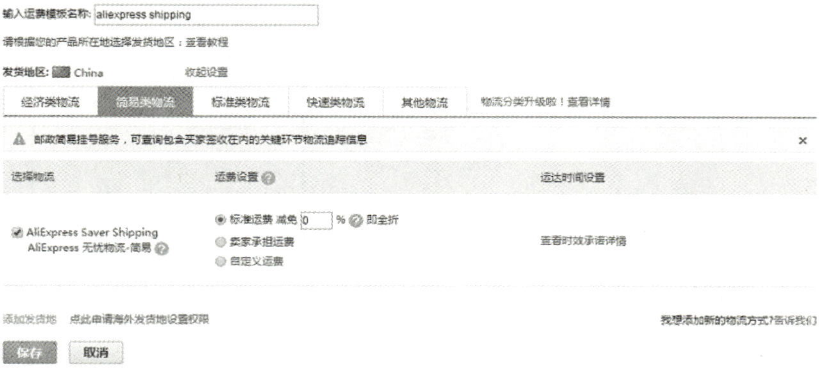

图 5-35 物流方案选择

第五，运费模板填写完成后，点击页面下方的"保存"按钮即可，如图 5-36 所示。

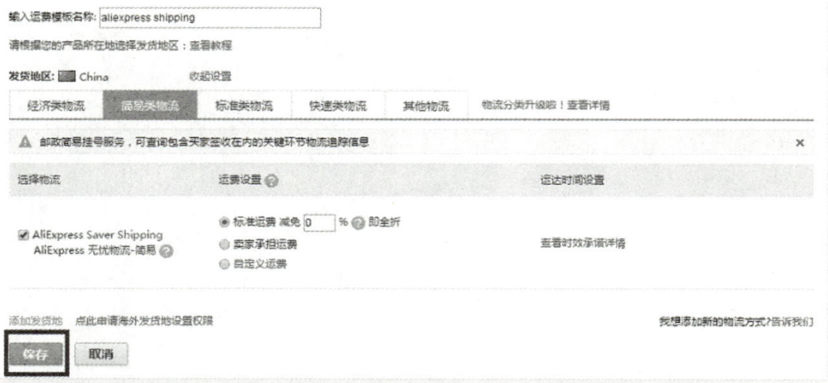

图 5-36 保存完整的运费模板

步骤3：店铺装修。

（1）登录速卖通后台，输入账号和密码，如图5-37所示，打开速卖通首页，如图5-38所示，打开登录界面。

图5-37　速卖通首页

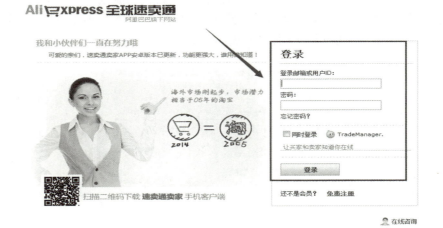

图5-38　速卖通账户登录界面

（2）在"速卖通服务市场"上搜索超级模板，或者在打开的速卖通首页里直接选择"经营支持"——"点击报名"，如图5-39所示。

图5-39　速卖通首页——经营支持

（3）在"服务市场"上直接搜"超级模板"，如图5-40所示。

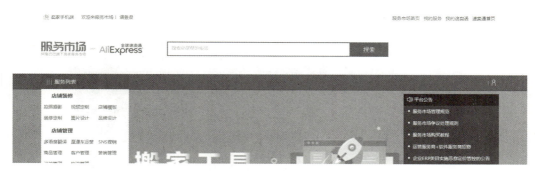

图5-40　服务市场页面

（4）未登录的要登录完成速卖通的授权（已通过官方审核，安全放心），试用或者购买后点击"开始使用"进入超级模板，如图5-41所示。

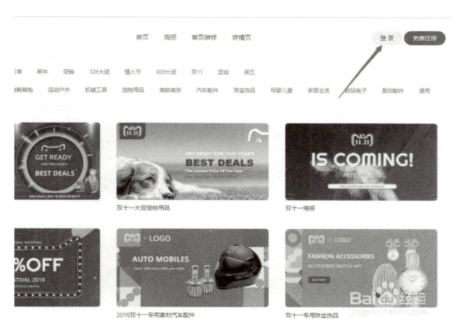

图5-41　超级模板页面

（5）点击"首页装修"，里面有按主题、类目分类；选择喜欢的模板点击进去，即进入装修页面，如图5-42所示。

（6）进入首页编辑器页面，逐个编辑模块，如图5-43所示。点击"产品展示位模块"，右侧点击"选择商品"，如图5-44所示。在"选择商品"里面勾选想要的商品，点击"确认"即可，如图5-45所示。点击"个性化"，展开之后里面的商品卖点、标题、图片地址、现价原价等，都根据需要全部删除或自定义，如图5-46所示。

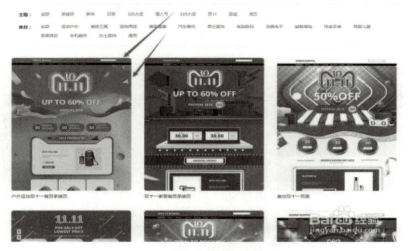

图 5-42　首页装修设置

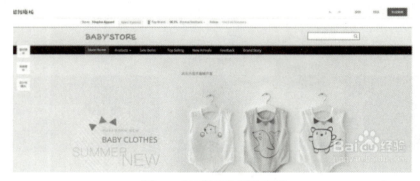

图 5-43　首页编辑器页面

图 5-44　点击"选择商品"按钮

图 5-45 添加商品

（7）生成装修后会出现如图 5-46 所示界面。这个页面需要保留，后面会用到它的代码，回到速卖通店铺装修后台。

图 5-46 装修生成的代码界面

（8）打开店铺后台，找到店铺的装修页面，如图5-47所示。

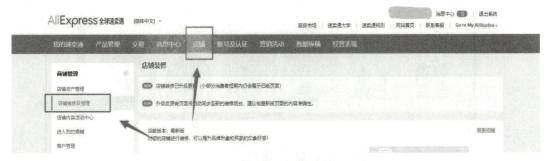

图5-47　速卖通后台装修界面

（9）点击"进入装修"，如图5-48所示。

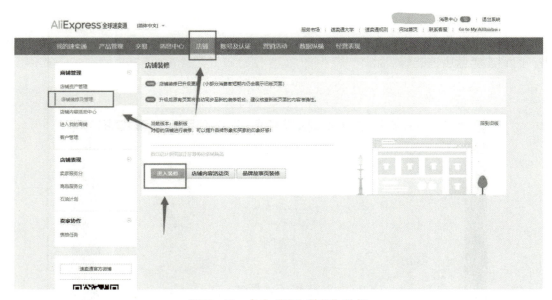

图5-48　点击"进入装修"按钮

（10）进入装修后台，按照后台内容完成店铺的格局设计及相关内容上传，这样新版店铺装修就完成了。

至此，速卖通店铺的基本设置完成，可以开始经营。

三、任务总结

该任务中涉及三个子任务，或者说是店铺正式营业前的三个准备步骤：第一是店铺商品选品，一个店铺不论是国内还是跨境都是必须有商品的，而一个好的商品品类对店铺的经营是非常重要的，千里之行始于足下，选品就是店铺的第一步；第二是商品上架，选品完成后就是将相应的商品（准备在店铺中销售的商品）上传到店铺中，其中需要注意的就是商品的信息填写及相关必填内容的选择，比如物流；第三是店铺简单装修，对于正式经营的网络店铺而言，店铺的视觉效果也是比较重要的，所以简单的装修步骤还是要掌握的。

最后总结整理实施过程中遇到的问题，讨论、整理出解决方案并完成下面的知识及技能总结表格（见表5-3）。

表5-3 知识及技能总结

班级：		姓名：		学号：		完成时间：	
任务名称：			组长签字：		教师签字：		
类别		索引		学生总结		教师点评	
知识点		搜索量					
		曝光量					
		浏览量					
		访客数					
		老访客数					
		询盘人数					
		购买率					
		商品信息					
		浏览量					
		浏览人数					
		买家数					
		成交量					
		成交金额					
		订单转化率					
		数据纵横					
技能点		选品能力					
		商品上架					
		店铺简单装修					

续表

类别	索引	学生总结	教师点评
操作总结	操作流程		
	注意事项		
反思			

素质教育

跨境电商中的文化自信

视频

项目六

配 送 支 付

知识目标

- 了解物流概念及要素,掌握物流企业类型及服务内容
- 熟悉仓储作业计划的主要内容,掌握仓储管理主要内容
- 了解配送管理,掌握配载和线路优化
- 了解网络支付特点,熟悉网络支付模式、网络支付要素,掌握网络支付流程、第三方支付及其优势与劣势

能力目标

- 能够根据不同场景选择合适的运输技术与装备
- 能够根据所处环境选择合适的仓储技术与装备
- 能够根据实际工作选择合适的装卸搬运技术与装备
- 能够根据入库通知单进行相应的仓储管理
- 能运用配载技巧制定配载方案,能使用配送线路优化的方法优化线路并制定方案
- 能够利用网络支付完成付款、生活缴费和各个支付应用

素养目标

- 培养绿色物流的观念,建立服务意识,提升物流服务水平
- 培养安全意识、严谨认真的工作作风和重视消防的责任意识
- 培养较高的数据保密意识和在配送管理过程严谨踏实的工作态度
- 树立诚实守信、精益求精的职业操守和精神

思维导图

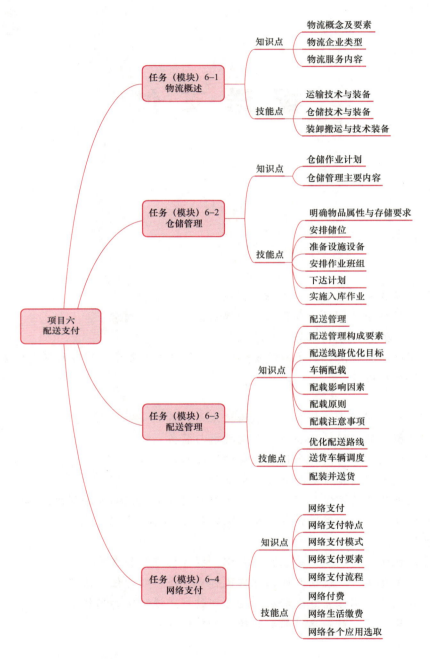

任务 6-1 物流概述

 知识储备

项目六 237 页

一、物流的概念及要素

我们在天猫随意买的一件商品,你知道这件商品要经过多少路途才能到达你的手里吗?生产该商品的工厂需要如何组织原材料进厂、生产线上的物料移动?如何将它发送到销售商手里?从它走下流水线那一刻起,到你拿到手中为止,中间究竟被多少辆车运转到多少个配送中心,历经多少道批发商以及多少人的手才被送上超市的货架?这里涉及的过程其实就是典型的物流活动。物流指的是物品从供应地向接收地的实体流动过程,根据实际需要,将运输、储存、装卸、搬运、包装、流通加工、配送、信息处理等基本功能进行有机结合。物流是一种经济活动,也是不断满足客户需求的过程。物流可以创造商品的时间价值、空间价值和加工附加价值。

物流的功能要素指的是物流系统所具有的基本能力,这些基本能力有效地组合、联结在一起,便成了物流的总功能,能合理、有效地实现物流系统的总目的,主要包括:① 包装。是指为在流通过程中保护物品方便储运、促进销售,按一定技术方法而采用的容器、材料及辅助物等的总体名称,也指为了达到上述目的而在采用容器、材料和辅助物的过程中施加一定技术方法等的操作活动。② 装卸搬运。是指物品在指定地点以人力或机械装入运输设备或卸下。搬运是指在同一场所内,对物品进行水平移动为主的物流作业。③ 运输。是指用运输设备将物品从一个地点向另一个地点运送。其中包括集货、分配、搬运、中转、装入、卸下、分散等一系列操作。④ 仓储。是指利用仓库及相关设施设备进行物品的入库、存储、出库的作业。⑤ 流通加工。是指物品在从生产地到使用地的过程中,根据需要施加包装、分割、计量、分拣、刷标志、拴标签、组装等简单作业的总称。⑥ 配送。是指在经济合理区域范围内,根据客户要求,对物品进行拣选、加工、包装、分割、组配等作业并按时送达指定地点的物流活动。⑦ 信息处理。物流活动中各个环节生成的信息,一般随着从生产到消费的物流活动的产生而产生,与物流过程中的运输、储存、装卸、包装等各种职能有机结合在一起,是整个物流活动顺利进行所不可缺少的。

二、物流企业类型

根据物流公司以某项服务功能为主要特征并向物流服务其他功能延伸的不同状况,可分为运输型物流公司、仓储型物流公司和综合服务型物流公司三种类型。

按照物流公司是自行完成和承担物流业务,还是委托他人进行操作,还可将物流企业分为物流自理公司和物流代理公司。物流自理公司就是常说的物流公司,它可进一步按照业务范围进行划分。物流代理公司按照物流业务代理的范围,分成综合性物流代理公司和

功能性物流代理公司，功能性物流代理公司包括运输代理公司（即货代公司）、仓储代理公司（仓代公司）和流通加工代理公司等。

三、物流企业服务内容

典型的物流企业服务内容：① 运输服务。运输服务以从事货物运输业务为主，包括货物快递服务和运输代理服务。企业自有一定数量的运输设备，可以提供门到门运输、门到站运输、站到门运输、站到站运输服务和其他物流服务，具备网络化信息服务功能，应用信息系统可对运输货物进行状态查询、监控。② 仓储服务。仓储服务以从事仓储业务为主，为客户提供货物储存、保管、中转等仓储服务。企业自有一定规模的仓储设施、设备，自有或租用必要的货运车辆，能为客户提供配送服务及商品经销、流通加工等其他服务，具备网络化信息服务功能，应用信息系统可对货物进行状态查询、监控。③ 综合物流服务。综合物流服务是指从事多种物流服务业务，可以为客户提供运输、货运代理、仓储、配送等多种物流服务。根据客户的需求，为客户制定整合物流资源的运作方案，为客户提供契约性的综合物流服务；按照业务要求，企业自有或租用必要的运输设备、仓储设施及设备；企业具有一定运营范围的货物集散、分拨网络；企业配置专门的机构和人员，建立完备的客户服务体系，能及时有效地提供客户服务；具备网络化信息服务功能，应用信息系统可对物流服务全过程进行状态查询和监控。

任务实践

一、任务目标

物流技术是物流活动中所采用的自然科学与社会科学方面的理论、方法,以及设施、设备、装置与工艺的总称。物流装备是指在整个物流领域内用于物流各个环节的设备和器材,是物流技术水平高低的主要标志。物流技术与装备,是物流运作是否有效的必不可少的物质基础要素。找到自己最近在网上购物的一笔订单,询问商家使用的哪家物流、运用的什么运输技术;掌握物流运输中公路、铁路、水路、航空和集装相关知识。

二、任务实施

步骤1:熟悉运输技术与装备。

(1)公路运输技术与装备。公路运输技术与装备主要由公路、车辆和货运场站三部分组成。

① 公路。公路根据使用任务、功能和适应的交通量分为高速公路、一级公路、二级公路、三级公路、四级公路五个等级。

② 车辆。物流车辆主要包括普通载货汽车、厢式货车(见图6-1)、专用载货汽车、牵引车和挂车等。

③ 货运场站。货运场站的功能主要是对汽车运输活动进行组织管理和为运输车辆提供后勤供应、技术保障。货运场站的主要功能是货物和货运车辆的集散地,可以办理运输手续,对运输进行指挥调度,为车辆提供后勤和技术服务等。

图6-1 厢式货车

（2）铁路运输技术与装备。铁路运输技术与装备主要由线路、机车车辆、信号设备和车站四部分组成。

① 线路。线路是列车运行的基础，承受列车重量，并且引导列车的行走方向。线路由路基、桥隧建筑物和轨道三部分组成。

② 机车车辆。机车车辆包括机车和车辆两部分。机车的种类有蒸汽机车、内燃机车和电力机车。货运车辆的种类有篷车、敞车（见图 6-2）、平车、罐车、保温车、特种车等。按规定和计划把若干节车厢编挂在一起并挂上机车，就形成一列货运编组列车，铁路运输是以列车的形式进行的。铁路货运列车一般载重 3 000 t 左右。

图 6-2 敞车

③ 信号设备。信号设备的功用是保证列车运行安全和提高铁路的通过能力，包括铁路信号、联锁设备和闭塞设备。

④ 车站。车站是铁路办理客货运输的基地，是铁路系统的基层生产单位。车站按技术作业的不同可以分为编组站、区段站、中间站；按业务性质的不同又可分为货运站、客运站、客货运站。

（3）水路运输技术与装备。水路运输技术与装备主要由船舶、港口和航道航线三部分组成。

① 船舶。货运船舶主要包括集装箱船（见图 6-3）、散装货船、油轮、滚装船等。

② 港口。港口是供船舶停靠、集散客货、为船舶提供各种服务、具有综合功能的场所。港口主要有运输功能、服务功能、工业功能和商业功能。

③ 航道航线。航道是能供船舶安全航行的通道。航线是指船舶在两个或多个港口之间从事客货运输的路线。

图 6-3 集装箱船

（4）航空运输技术与装备。航空运输技术与装备由航空港、航空线网和飞机三部分组成。

① 航空港。航空港即机场，由飞行区、运输服务区和机务维修区三部分组成。

② 航空线网。航空线网由航线、航路组成，航线是飞机飞行的路线，民航从事运输必须按照规定的线路飞行；航路是根据地面导航系统建立的走廊式保护空域，供飞机做航线飞行之用，有多条航线共用的空中通道。

③ 飞机。飞机用于装载旅客与货品，客货两用飞机的下层舱为货舱，货机在定期航线上专门运输货物。

（5）运输集装技术与装备。集装是将许多单件货品通过一定的技术措施组合成尺寸规格相同、重量相近的大型标准化的组合体，这种大型的组合状态称为集装。集装技术与装备主要有托盘、集装箱。

步骤2：熟悉仓储技术与装备。

仓储技术与装备包括货架、仓库及库内辅助设备（见图6-4）。

图 6-4 仓库与货架

（1）货架。货架是陈列、存放货物的架子。货品在货架上分层存放，可充分利用仓库空间，提高库容利用率，扩大仓库储存能力。货架按结构特点可分为层架、层格架、橱架、抽屉架、悬臂架、三脚架、栅型架；按可动性可分为固定式货架、移动式货架、旋转式货架、组合货架、可调式货架、流动储存货架等。

（2）仓库。仓库是保管、存储货品的建筑物和场所的总称，其具体形式有库房、料棚、货场等。按照仓库设备的不同，仓库分为一般平放仓库、料架仓库、自动化立体仓库和多层式仓库。

步骤3：熟悉装卸搬运技术与装备。

（1）叉车。叉车是最常用的具有装卸、搬运双重功能的装卸搬运装备（见图6-5）。按动力方式，叉车可分为内燃机式叉车、电动式叉车、手动式叉车；按特性及功能，叉车可分为平衡重式叉车、前移式叉车和侧叉式叉车。除此之外，还有插腿式叉车、集装箱叉车、拣选叉车、步行式叉车、堆垛叉车等。

仓库：自动化立体仓库

（2）起重装备。起重装备是用来从事起重、搬运的机械，常用的起重机主要有桥式起重机（见图6-6）、门式起重机、岸边集装箱起重机、汽车起重机等。

图6-5 叉车

图6-6 桥式起重机

（3）堆垛机。堆垛机是指用货叉或串杆叉取、搬运和堆垛或从高层货架上存取单元货物的专用起重机（见图6-7）。堆垛机常见的有桥式堆垛机、巷道式堆垛机、手动堆垛机。

（4）输送机。输送机分为散料输送机（见图6-8）和整料输送机。散料输送机用于输送煤、化肥、粮食、矿砂等形态很小、自流性好的物料；整料输送机则主要用于输送已打包成型、单独成件的货物。输送机主要有胶带式输送机、辊子输送机、空中移载台车。

（5）智能机器人。亚马逊2012年就已开始采用机器人开展仓储物流业务，现在国内外已经有越来越多的企业使用物流机器人，具备搬运、码垛、分拣等功能的智能机器人已成为物流行业的一大热点。

智能机器人

图 6-7 堆垛机

图 6-8 散料输送机

三、任务总结

在本次实践任务中,需要注意的是物流运输中所选取的技术方法和手段。通过学习,总结整理实施过程中遇到的问题,讨论、整理出解决方案并完成下面的知识及技能总结表格(见表 6-1)。

表 6-1 知识及技能总结

班级:		姓名:		学号:		完成时间:	
任务名称:			组长签字:		教师签字:		
类别		索引		学生总结		教师点评	
知识点		物流概念及要素					
		物流企业类型					
		物流服务内容					
技能点		运输技术与装备					
		仓储技术与装备					
		装卸搬运与技术装备					
操作总结		操作流程					
		注意事项					
反思							

任务 6-2 仓储管理

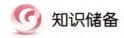 知识储备

一、仓储管理内涵

"仓"也称为仓库,为存放物品的建筑物和场地,可以为房屋建筑、大型容器、洞穴或者特定的场地等,具有存放和保护物品的功能;"储"表示收存以备使用,具有收存、保管、交付使用的意思,当使用有形物品时也称为储存。"仓储"则为利用仓库存放、储存未即时使用的物品的行为。简言之,仓储就是在特定的场所储存物品的行为。仓储管理就是对仓库及仓库内的物资所进行的管理,是仓储机构为了充分利用仓储资源、提供高效的仓储服务所进行的计划、组织、控制和协调过程。仓储管理是一门经济管理科学,同时也涉及应用技术科学,故属于边缘性学科。仓储管理的内涵随着其在社会经济领域中的作用不断扩大而变化。仓库管理的主要内容:存储规划设计、物品入库管理、物品储存管理、物品搬运管理、仓库盘点工作、物品出库管理、企业库存控制、仓库安全管理、仓库 5S 与目视化管理、仓库人员管理。

优秀的仓储规划设计对合理保管企业的各类物品起着非常重要的作用,如果仓储规划不合理,就很容易给企业造成损失。为保证物品的质量,必须把好物品入库关,完善物品入库流程,避免在过程中出现差错。物品入库包括物料入库和半成品、成品入库。物品储存是仓库主管的核心工作,如果物品储存不当就很容易发生霉变、出现病虫害等,因此物品储存管理须做好物品的日常储存工作,确保所有物品能够得到有效利用。物品搬运是仓储部日常工作的主要内容。物品搬运是指物品在仓库内部、在仓库与生产设施之间或在仓库与运输车辆之间的转移。在企业的生产活动中,物品出入库的相关信息都会被记录进相关单据和账册,但实际调仓库盘点管理查现物时往往会发现实际物品的出入库信息和账册有出入,即存在账面库存和实际库存两种库存,这时就需要做好物品盘点工作。库存对企业的运营非常重要,必须控制库存,确保库存保持在合理的水平。

二、仓储管理内容

(一)仓库选址与布点

仓库选址与布点,包括仓库选址应遵循的基本原则、仓库选址应考虑的基本因素以及仓库选址的技术方法,多点布置时还要考虑网络中仓库的数量和规模大小、相对位置和服务的客户等问题。

(二)仓库规模的确定和内部合理布局

仓库规模的确定和内部合理布局,包括仓库库区面积及建筑物面积的确定,库内道路和作业区的平面和竖向布置,库房内部各作业区域的划分和作业通道布置的方式。

（三）仓储设施和设备的选择和配备

仓储设施和设备的选择和配备，包括根据仓库作业的特点和储存商品的种类和理化特性，合理地选择和配备仓库设施、作业机械以及合理使用和管理。

（四）仓储资源的获得

仓储资源的获得，包括企业通过什么方式来获得仓储资源。通常，一个企业获得资源的方式包括使用自有资金、使用银行借贷资金、发行企业债券向企业内部职工或社会公众募股等方式，归结起来包括两种途径：一是企业内部资金，二是企业外部资金。不同的资源获得方式其成本不同。

（五）仓储作业活动管理

仓储作业活动随着作业范围和功能的不同，其复杂程度也不尽相同，仓储作业管理是仓储管理的重要内容，涉及仓储作业组织的结构与岗位分工、作业流程的设计、仓储作业中的技术方法和作业手段，还包括仓储活动中的信息处理等。

（六）库存控制

库存是仓储的最基本功能，企业为了能及时满足客户的需求就必须经常保持一定数量的商品库存，存货不足会造成供应断档，存货过多会造成商品积压、仓储成本上升。库存控制是仓储管理中最复杂的内容，是仓储管理从传统的存货管理向高级的存货系统动态控制发展的重要标志。

（七）仓储经营管理

仓储经营管理是企业运用先进的管理方式和科学的管理方法，对企业的经营活动进行计划、组织、协调和控制，其目的是获得好的经营效果。

三、仓储管理任务

（1）利用市场经济手段获得最大的仓储资源的配置。
（2）以高效率为原则组织管理机构。
（3）以不断满足社会需要为原则开展商务活动。
（4）以高效率、低成本为原则组织仓储生产。
（5）以优质服务、讲信用建立企业形象。
（6）通过制度化、科学化的先进手段不断提高管理水平。
（7）从技术到精神领域提高员工素质。

四、仓储保管原则

（1）物品面向通道。为使物品出入库方便，容易在仓库内移动，基本条件是将物品面向通道保管。
（2）尽可能地向高处码放。提高保管效率，有效利用库内容积，应尽量向高处码放，为防止破损保证安全，应当尽可能使用棚架等保管设备。
（3）根据出库频率选定位置。出货和进货频率高的物品，应放在靠近出入口、易于作业的地方；流动性差的物品放在距离出入口稍远的地方；季节性物品则依其季节特性来选定放置的场所。

（4）同一品种在同一地方保管。为提高作业效率和保管效率，同一物品或类似物品应放在同一地方保管，员工对库内物品放置位置的熟悉程度直接影响着出入库的时间，将类似的物品放在邻近的地方也是提高效率的重要方法。

（5）根据物品重量安排保管的位置。安排放置场所时，重的物品放在货架下边，轻的物品放在货架上方。需要人工搬运的大型物品则以腰部的高度为基准。这是提高效率、保证安全的一项重要原则。

（6）依据形状安排保管方法。依据物品形状来保管也是很重要的，如标准化的商品应放在托盘或货架上。

（7）依据先进先出的原则。对于易变、易破损、易腐败的物品，对于机能易退化、老化的物品，应尽可能按先入先出的原则，加快周转。

五、仓储作业计划

仓储作业计划是仓储作业顺利进行的前提与保障。入库之前要详细了解货物的种类、规格、数量、性质、入库时间、保管时间、保管条件等信息。

通常，仓储作业计划包括：① 货物入库的时间、数量、包装形式、规格；② 计划货物所需占用的仓容大小；③ 预测车辆到达的时间及送货车型；④ 为了方便装卸搬运，计划车辆的停靠位置；⑤ 计划货物的临时存放地点；⑥ 确定入库作业的相关部门。

六、仓储作业注意事项

（1）库存物品要进行定位管理，其含义与商品配置图表的设计相似，即将不同的物品分类、分区来存放，并用货架放置。仓库内至少要分为三个区域：第一，大量存储区，即以整箱或栈板方式储存；第二，小量存储区，即将拆零物品放置在陈列架上；第三，退货区，即将准备退换的物品放置在专门的货架上。

（2）区位确定后应制作一张配置图，贴在仓库入口处，以便于存取。小量储存区应尽量固定位置，整箱储存区则可弹性运用。若储存空间太小或属冷冻（藏）库，也可以不固定位置而弹性运用。

（3）储存物品不可直接与地面接触。一是为了避免潮湿；二是由于生鲜商品卫生规定；三是为了堆放整齐。

（4）要注意仓储区的温湿度，保持通风良好，干燥、不潮湿。

（5）仓库内要设有防水、防火、防盗等设施，以保证物品安全。

（6）物品储存货架应设置存货卡，物品进出要注意先进先出的原则。也可采取色彩管理法，如每周或每月用不同颜色的标签，以明显识别进货的日期。

（7）仓库管理人员要与订货人员及时进行沟通，以便到货的存放。此外，还要适时提出存货不足的预警通知，以防缺货。

（8）存取货原则上应随到随存、随需随取，但考虑到效率与安全，有必要制定作业时间规定。

（9）物品进出库要做好登记，以便明确保管责任，但有些物品（如冷冻冷藏货物）也需要人们采取卖场存货与库房存货合一的做法。

（10）仓库要注意门禁管理，外人不得随便入内。

任务实践

一、任务目标

编制本次入库计划,并组织实施,确保安全准确地将此批物品存入合适的储存位置。

二、任务实施

某物流中心有两种仓库分别是前置仓和立体化仓库,前置仓有三个储区,即平置库存储区、高架库存储区和密集库存储区。2020 年 10 月 18 日,某物流中心收到供应商入库通知单一份,到货物品为沙宣洗发乳、海尔空调、宝马空调压缩机和小米路由器等,主要是为"双 11"大促销提前备货。其中沙宣洗发乳、海尔空调和小米路由器计划存储至前置仓;宝马汽车空调压缩机是为汽车制造商提供生产支持,计划存储至立体化仓库。计划到货日期为 2020 年 10 月 19 日 12 点,入库通知单如表 6-2 所示。

表 6-2 入库通知单

单号:20201018001　　　　　　　　　　　　　　　　　　2020 年 10 月 18 日

序号	货物名称	型号/规格	单位	包装	数量	重量/kg	堆码极限
1	沙宣洗发乳	325 mm×157 mm×237 mm	箱	纸箱	4 200	8	4 层
2	海尔空调	外机:900 mm×575 mm×350 mm 挂机:900 mm×290 mm×202 mm	套	纸箱	1 000	外机:32 挂机:11	5 层 5 层
3	宝马空调压缩机	460 mm×260 mm×200 mm	台	纸箱	2 700	10	5 层
4	小米路由器	115 mm×115 mm×108 mm	台	纸盒	1 000	1	6 层

步骤 1:明确物品属性与存储要求。

仓库主管通过分析入库通知单,了解入库物品属性,并将客户入库时所提出的具体要求,纳入入库作业计划编制要点。

(1)明确物品属性。仓储主管通过查看入库通知单,判定物品属性均为普货,具体分为:日化、家电、汽车配件、电子产品。

(2)明确存储要求。根据物品属性与物品储位规划、客户要求等实际情况,分配储区为:沙宣洗发乳存入高架库区,海尔空调存入平置库区,宝马空调压缩机存入立体库区,小米路由器存入密集型储区("货到人"储区)。

步骤 2:安排储位。

根据入库通知单,在物品到达前将存储的位置和所需的货位予以确定。

(1)高架库货架储位准备。沙宣洗发乳上架存储,在明确存储位置和所需货位数量的同时,还要准备好相应数量的托盘。

① 货架储位优化。用 ABC 分类法把企业的物品按其金额大小划分为 A、B、C 三类,

然后根据重要性分别对待。A类是指品种少、实物量少而价值高的物品，其成本金额约占70%，而实物量不超过20%。C类是指品种多、实物量多而价值低的物品，其成本金额约占10%，而实物量不低于50%。B类介于A类、C类之间，其成本金额约占20%，而实物量不超过30%。具体来说，A类：品目累计百分数为5%～15%，平均资金占用额累计百分数为60%～80%；B类：品目累计百分数为20%～30%，平均资金占用额累计百分数为20%～30%；C类：品目累计百分数为60%～80%，平均资金占用额累计百分数为5%～15%。A类：高物动量，周转量累计百分数为70%；B类：中物动量，周转量累计百分数为70%～90%；C类：低物动量，周转量累计百分数为90%～100%。

当企业存货品种繁多、单价高低悬殊、存量多寡不一时，使用ABC分类法可以分清主次、抓住重点、区别对待，使存货控制更方便有效。通常情况下仅对A类物品进行最优批量控制。A类较为贵重，则需安排在货架的高层或顶层；B类物品较多，可安排在仓库底层或靠近出口的二层；C类数量最大，为方便出库，需将物品安排在靠近出口的货架底层。

决定计划入库物品存储位置的关键因素是物动量分类的结果，沙宣洗发乳在当季属于低物动量物品，因此应在低层货位存放。

② 货架储位及托盘数量准备。为保证计划入库物品能够顺利入库，仓库管理人员应在入库前准备足够的货位和上架所需的托盘。在计算所需货位及托盘数量时应考虑的因素包括：计划入库的物品种类及包装规格、货架货位的设计规格、所需托盘规格、叉车作业要求、作业人员的熟练程度与技巧。

（2）平置库储位准备。

① 存储位置确定。确定物品的存储位置应主要考虑平置库平面布局、物品在库时间、物品出入库频次等关键因素。出库频次较高的物品，在库时间一般较短，所以应存放在离主通道或库门较近的地方。格力空调属于出库频次较高的物品，因此，在储存时应选择靠近主通道位置或离仓库出口较近的区域。

② 货位面积确定。确定海尔空调所需货位面积需考虑的因素，包括仓库的可用高度、仓库地面荷载、物品包装物所允许的堆码层数以及物品包装物的规格（长、宽、高）。

（3）立体库储位准备。宝马空调压缩机属于高物动量物品，应上架存储，在明确存储位置和所需货位数量的同时，还要准备好相应数量的托盘。

（4）密集型存储区（"货到人"储区）储位准备。小米路由器属于高物动量物品，应上架存储，在明确存储位置和所需货位数量的同时，还要准备好相应数量的周转箱。

步骤3：准备设施设备。

（1）苫垫材料准备。根据预计到货物品的特性、体积、质量、数量和到货时间等信息，结合物品分区、分类和货位管理的要求，确定货位。同时，要做好防雨、防潮、防尘、防晒准备，即准备好所需的苫垫材料。苫垫材料应根据货位位置和到货物品特性进行合理选择。依据历史气象数据，预计此批物品存储期空气温度为全年最高，因此，需要对平置库储区进行衬垫，衬垫物选择塑料薄膜。

（2）验收、入库及装卸搬运器械准备。根据本次到货情况，计划投入的物流设备有：夹抱叉车、托盘、周转箱、叉车、地牛、RF手持终端等。同时根据到货物品的特性、货位、设备条件、人员等情况,科学合理地确定卸车搬运工艺,备好相关作业设备,安排好卸货站台或场地,保证装卸搬运作业的效率。

步骤 4:安排作业班组。

根据入库作业时间和入库作业到货数量,合理安排作业班组,以保证入库作业及时完成。

步骤 5:下达计划。

下达计划,即将到货时间、接运方式、包装单元与状态、存储作业安排、作业时间及作业要求等内容通知作业班组。

步骤 6:实施入库作业。

作业班组根据入库作业指令,实施入库作业。作业班组应完成以下工作:

(1)接收入库作业指令。

(2)核对物品的入库凭证,清点入库物品,与送货人员办理交接记录。

(3)对入库物品进行数量、质量和包装验收,发现问题,做出相应记录。

(4)安排物品的存放地点,登记保管账、卡和货位编号。

(5)做好 5S 管理工作。

三、任务总结

在本次实践任务中,需要注意的是仓储管理中所选取的技术方法和手段。通过学习,总结整理实施过程中遇到的问题,讨论、整理出解决方案并完成下面的知识及技能总结表格(见表 6-3)。

表 6-3 知识及技能总结

班级:		姓名:		学号:		完成时间:	
任务名称:		组长签字:		教师签字:			
类别		索引		学生总结		教师点评	
知识点		仓储管理内涵					
		仓储管理内容					
		仓储管理任务					
		仓储保管原则					
		仓储作业计划					
		仓储作业注意事项					
技能点		明确物品属性与存储要求					
		安排储位					

续表

类别	索引	学生总结	教师点评
技能点	准备设施设备		
	安排作业班组		
	下达计划		
	实施入库作业		
操作总结	操作流程		
	注意事项		
反思			

任务6-3 配送管理

一、配送管理及其要素

配送管理,是指为了以最低的配送成本达到客户所满意的服务水平,对配送活动进行的计划、组织、指挥、协调与控制。

配送管理构成要素分为集货、分拣、配货、配装、配送运输、送达服务和配送加工。集货是将分散的或小批量的物品集中起来,以便进行运输、配送的作业。分拣是将物品按品种、出入库先后顺序进行分门别类堆放的作业。配货是使用各种拣选设备和传输装置,将存放的物品按客户要求分拣出来,配备齐全,送入指定发货地点。配装是集中不同客户的配送货物,进行搭配装载以充分利用运能、运力。配送运输是较短距离、较小规模、频度较高的运输形式,一般使用汽车做运输工具。配送运输的路线选择是技术难点。送达服务是圆满地实现运到之货的移交,并有效、方便地处理相关手续并完成结算,讲究卸货地点、卸货方式等。配送加工是按照配送客户的要求所进行的流通加工。

二、配送线路优化目标

配送线路优化目标需要考虑多个因素,具体包括:

① 效益最高。以企业的利润值尽可能大为目标。选择以效益最高为目标主要考虑的是当前效益,同时也兼顾长远效益。由于效益是企业各项经济活动的综合反映,单纯与配送线路建立联系并不能客观真实反映对效益的确切影响,因此一般很少采用效益最高这一目标。

② 成本最低。配送线路与配送成本之间有密切的关系,计算配送线路的送货成本相对效益目标而言较为简单,具有可操作性,是比较实用且常被选择的目标。

③ 路程最短。以配送线路总行驶路程最短为优化目标。

④ 吨千米最小。以配送总周转里程吨千米为优化目标。

⑤ 准时性最高。以配送时效性最高为优化目标。

⑥ 运力运用最合理。以运力最充分利用为目标。

⑦ 劳动消耗最低。以配送作业劳动消耗量最低为目标。从以上几个目标来看,路程最短、吨千米最小、劳动消耗最低都直接与成本相关,以成本为目标与以效益为目标事实上是相辅相成的。因此,成本控制在配送线路的选择与确定工作中,占有核心地位。

三、配送线路优化的约束条件

配送线路优化的约束条件可以从以下四个方面考虑:

① 满足所有收货人对货物品种、规格以及数量的要求。

② 满足收货人对货物送达时间、范围的要求。

③ 在允许通行的时间内进行配送，各配送线路的货物量不得超过车辆容积和载重量的限制。

④ 在已有送货运力资源允许的范围内。

四、车辆配载

车辆配载是在充分保证货物质量和数量完好的前提下，尽可能提高车辆在容积和载重量两方面的利用率，以充分发挥运能、节省运力、降低配送费用。

导致配载效率低下的主要因素包括：

① 配载优化技术不成熟，计算困难。随着配送对象的增加，配载的组合方案呈指数级增长，对配载系统的优化模型和计算能力都提出了很高的要求。

② 配载时间制约。当配送中心、分拨中心采用"快进快出"的模式，配载决策时间有限。如果物流企业有时效物品的话，同时还要考虑快件优先装车等情况，即使有配载方案，因临时变化多，执行效果也会受到影响。

③ 订单波动，带来多次重复计算。理论上线路上的装载货物是动态的，随时都会有新订单录入，那么预配载清单应随订单的变化做动态调整，如使用人工配载，作业难度更大。

④ 货物基础数据不准确。货物重量、体积数据没有或者不准确，无法使用模型进行优化计算。

配载一般应遵循以下原则：

① 尽可能多地装入货物，充分利用车辆的有效容积和载重量。

② 装入货物的总体积不超过车辆的有效容积。

③ 装入货物的总重量不超过车辆额定载重量。

④ 重不压轻，大不压小。

⑤ 货物堆放要前后、左右、上下重心平衡。

⑥ 尽量做到"先送后装"。

⑦ 货与货之间、货与车辆之间应留有空隙并适当衬垫，防止货损。

⑧ 货物的标签朝外，以方便装卸。

⑨ 装货完毕，应在门端处采取适当的稳固措施。

配载时应注意：

① 为了减少或避免差错，尽量把外观相近、容易混淆的货物分开装载。

② 不将散发异味的货物与具有吸收性的食品混装。

③ 切勿将渗水货物与易受潮货物一同存放。

任务实践

一、任务目标

通过科学配载提升装载率，优化配送路线，降低空时率和整体配送成本。

二、任务实施

步骤 1：优化配送路线。

（1）节约里程法的配送线路优化。配送中心或分拨中心向辖区内站点送货，如使用自有车辆多次送货，将形成单起点多回路最短路线（指由一个配送中心向多个客户进行循环送货，送货车辆送完货后再返回配送中心）。由于受车辆载重量和容积、送货时间及送货线路里程的制约，通常不可能用一台车或者一条线路为所有客户送货，而是要设计数条送货线路，每条线路为某几个客户送货。同一条线路上由一辆装载着这条线路上所有客户需求货物的车，按照预先设计好的最佳线路依次将货物送该线路上的每一个客户并最终返回配送中心。负责送货的车辆装载这条线路上所有客户货物的总量不能大于车辆的额定载重量，而且车辆在这条线路上每次运行的总里程不能超过配送线路的合理限度。找到这些送货线路的最短路线，可保证按客户要求将货物及时送到，且能节约车辆行驶里程，缩短送货的整体时间，节省费用，还能客观上减少交通流量，缓解交通压力。

（2）基于 GIS 技术的配送线路优化。众物智联物流与供应链集团南京配送中心使用 GIS/GPS、PRS 通信、大数据及数据库等技术开发设计或购买配送管理系统（模块），支撑配送企业业务管理。在配送线路优化方面，配送企业选择订单日期调取订单数据，根据配送车辆的装载量、客户分布、配送订单信息、送货线路交通状况、司机对送货区域的熟悉程度等因素设定优化约束条件，系统自动进行送货线路的优化处理，形成最佳送货路线和配载方案。线路优化后，允许业务人员根据业务具体情况进行临时线路的合并和调整，以适应送货管理的实际需要。

（3）智慧化配送线路优化。众物智联物流与供应链集团配送中心使用路径优化系统，对配送线路进行整体优化。路径优化系统多采用国际先进的智能优化算法，运算速度快，能够降低行驶里程数、减少出车次数，从而有效节省物流配送成本。同时，智慧化路径优化系统能够显著提升作业效率，用系统取代烦琐的人工优化过程，尤其是针对大型配送企业的配送订单线路优化，能够将人工以小时为单位的配送计划编制时间缩减到以分钟为单位，大幅提高作业效率，降低作业误差。路径优化系统能够根据业务的实际情况综合考虑，满足多维度、多目标优化决策，涵盖车型、订单、客户情况等，实现优化决策目标。目前，部分路径优化系统已经支持云计算，配送中心只需根据需要购买云服务，不需要购置和安装客户端。需要说明的是，无论是哪种路径优化方法，其核心都是算法。随着配送节点的增加，配送线路呈现指数级增加，如何寻找高效的配送线路组合，提高物流效率，降低物流成本，满足网点要求，离不开高效的 AI 大数据、深度学习等加持的算法支撑。

步骤2：送货车辆调度。

配送中心在优化配送路线后，需要最优化调拨运输车辆，满足配送路线的要求。很多配送组织设立车辆调度岗位，根据配送计划，人工调度车辆；但随着信息化手段尤其是TMS等系统的应用和大数据、AI云计算等技术的应用，配送组织开始使用智能化车辆调度系统以优化调度效率和效力。

（1）人工车辆调度。在线路优化的基础上调度车辆以满足配送作业要求，车辆可能为公司内部或外协车辆。人工调度车辆由调度员根据生成的配送作业计划，统筹调度自有和社会车辆，满足作业需求。如需要临时加派车辆，可及时通过外协运输公司响应调度需求。

（2）智能化车辆调度。智能化车辆调度系统与WMS或配送管理系统集成，在完成配送作业计划后，根据配送线路优化和配载优化结果，估算车辆需求数量、时间、车型等，再根据运输服务供应商数据库优选供应商，生成车辆调度推荐任务单，经作业人员确认后系统自动下达给运输服务商，完成车辆调度。

步骤3：配载并送货。

配载是通过重货和轻泡货的合理搭配使得车辆载重和载积都接近货车规定的上限，使得运输收益最大化。如果要提高车辆的运输收益，提升配载效率就成为重要的手段之一。对于众物智联物流与供应链集团而言，在优化配送线路、调拨运输车辆后，应根据车辆情况和货物情况进行配载。早期的配载计划，多是根据配送货物对象设置专业岗位，负责某条线路的配载计算，打印预配载清单，操作人员参照预配载清单装车；部分配送企业甚至采用不配载（有货就装模式）、现场配（根据现场情况，由作业人员当场决定配载方案）等粗放的作业方法，配载主要依靠经验，配载率不可控。而借助智能化、信息化手段能够提高配载率、增加运输收益、量化配载考核、提高管理水平。因此，越来越多的企业开始使用智能化配载系统。

（1）人工配载计划编制。配送作业由于货物的重量、体积以及包装形式各异，具体车辆的配载要根据客户要求，结合货物及车辆的具体情况综合考虑。配载过程中由于货物特征多样，车辆及客户要求也各有不同，装货人员常常根据以往的装货经验进行配载。采用经验法配载，也要用简单的数学计算模型来验证装载的货物是否符合车辆在载重量及容积方面的限制，数学计算模型如下：

$$\text{MAX} \sum_{i=1}^{n} x_i \tag{3.1}$$

$$\text{St.} \sum_{i=1}^{n} v_i x_i \leqslant V_{车} \tag{3.2}$$

$$\sum_{i=1}^{n} v_i x_i \leqslant W_{车} \tag{3.3}$$

$$x_i \in \{0,1\}, i=1,2,\cdots,n \tag{3.4}$$

模型中各参数说明：

v_i：第 i 个客户货品的总体积；

$V_{车}$：配送车辆的有效容积；

$W_{车}$：配装车辆的额定载重量；

n：需送货的客户点个数。

式（3.1）表示配载目标函数，即装入尽可能多的客户个数的货物，x_i 代表客户的个数；

式（3.2）表示装入货物的总体积不超过车辆的有效容积；式（3.3）表示装入货物的总重量不超过车辆额定载重量；式（3.4）表示是 0～1 变量，即当 $x_i=1$ 时，表示第 i 个客户的货物装载入车，否则不装载（即该客户的订单上的货物要么一次性全部装入，如果不能一次性全部装入则完全不装，等待与下一车次的货物配装）。

除经验法外，在货物种类较少、货物特征明显及客户要求相对简单的情况下，可以尝试用容重配装简单计算法来进行车辆配载。

假设有两种需要运送的货物，A 货物容重为 $R_A\text{kg/m}^3$，单件体积为 $V_A\text{m}^3$；B 货物容重为 $R_B\text{kg/m}^3$，单件体积为 $V_B\text{m}^3$；车辆额定载重量为 $G\text{t}$，车辆最大容积 $V\text{m}^3$。考虑到 A、B 两种货物尺寸的组合不能正好填满车辆内部空间，使得装车后可能存在无法利用的空间，故设定车辆有效容积为 $V\times 90\%$。现在计算配载方案：在既满载又满容的前提下，设货物 A 装入数为 x 件，货物 B 装入数 y 件，则可得到方程组：

$$xV_A+yV_B\leqslant V\times 90\%$$
$$xR_AV_A+yR_BV_B\leqslant G$$

求解这个方程组，得到 x、y 的数值即为 A、B 两种货物各自装车的数量（s.t. x,y 为整数）。

（2）智能化配载系统。由于人工数据分析和计算能力受限、作业时间限制等原因，在实际工作中常常不可能每次都得到最优的配载方案，只能先将问题简单化以节约计算时间、简化配装要求，然后逐步优化找到接近最优方案的可行方案。当考虑到不同客户的具体送货要求、货物的多种特征以及送货车辆的限制时，计算的数量极为庞大，依靠手工计算几乎不可能。需要用数学的方法总结出数学模型后，使用开发出的车辆配载软件，将数学模型中的相关参数输入电脑，由软件自动计算出配载方案，并进行图形化模拟。智能化配载系统往往与配送线路优化系统集成，实现配送线路优化、车辆调度和配载的整体优化，提升配送效率，降低配送成本。

三、任务总结

在本次实践任务中，需要注意的是配送管理中所选取的技术方法和手段。通过学习，总结整理实施过程中遇到的问题，讨论、整理出解决方案并完成下面的知识及技能总结表格（见表 6–4）。

表6-4 知识及技能总结

班级：		姓名：	学号：	完成时间：
任务名称：		组长签字：	教师签字：	
类别	索引	学生总结		教师点评
知识点	配送管理			
	配送管理构成要素			
	配送线路优化目标			
	车辆配载			
	配载影响因素			
	配载原则			
	配载注意事项			
技能点	优化配送路线			
	送货车辆调度			
	配载并送货			
操作总结	操作流程			
	注意事项			
反思				

任务 6-4　网　络　支　付

 知识储备

一、网络支付概述

网络支付是指网上交易的当事人（包括消费者、厂商和金融机构等）以金融电子化网络为基础，利用现代计算机技术和通信技术作为手段，以电子信息数据传递形式来实现资金的流通和支付。

网络支付有多种特点，具体包括：第一，网络支付是采用先进的技术通过数字流转来完成信息传输的。第二，网络支付的工作环境是基于一个开放的系统平台（即互联网）之中。第三，网络支付使用的是最先进的通信手段，对软、硬件设施的要求很高。第四，网络支付具有方便、快捷、高效、经济的优势。第五，网络支付具备复杂的技术支持。

二、网络支付模式

网络支付的模式可分为：第一，银行网关模式。电子商务平台连接到银行网银系统，这种模式下，买卖双方只涉及电子商务企业和银行，网上交易实际上是直接进入银行的网银系统处理的，电子商务平台只跟银行签约。第二，第三方支付平台模式。电子商务平台先连接到第三方支付平台，支付平台再和银行连接。第三，银联的模式。POS 等终端设备进行收单业务，收单公司通过银联的转接平台，连接到发卡银行，再进行结算。第四，支付平台内部的交易模式。这种交易模式实际上是封闭的，为买卖双方提供了账户服务，通过内部的账户就可以完成交易。

三、网络支付要素

网络支付的要素至少应该包括商户系统、电子支付工具、支付网关和安全认证。电子支付工具指的是银行卡、储值卡、电子支票、电子现金等。支付网关是连接银行网络与 Internet 的一组服务器，主要作用是完成两者之间的通信、协议转换和进行数据加、解密，以保护银行内部网络的安全，起着数据转换与处理中心的作用。安全认证主要基于 SET（Secure Electronic Transaction，安全电子交易）协议和 SSL（Secure Sockets Layer，安全套接字）协议。SET 主要是为了解决用户、商家和银行之间通过信用卡支付的交易而设计的，用以保证支付信息的机密、支付过程的完整、商户和持卡人的合法身份以及可操作性。SSL 是对计算机之间整个会话过程进行加密的协议。SSL 协议没有 SET 协议那么复杂，SET 协议不仅加密两个端点之间的单人会话，还可以加密和认定三方面的多个信息，这是 SSL 协议所不能解决的问题。但是 SET 也有自己的缺陷，由于过于复杂，所以对消费者、商户和银行方面的要求都非常高，推行起来遇到的阻力也比较大。而相比之下，SSL 则以其便

捷和可以满足现实要求的安全性得到了很多人的认可。

四、网络支付流程

网络支付流程首先需要客户接入互联网，通过浏览器在网上浏览商品、选择货物、填写网络订单，选择应用的网络支付结算工具，并且得到银行的授权使用，如银行卡、电子钱包、电子现金、电子支票或网络银行账号等。客户机对相关订单信息如支付信息进行加密，在网上提交订单。商家服务器对客户的订购信息进行检查、确认，并把相关的经过加密的客户支付信息转发给支付网关，直到银行专业网络的银行后台业务服务器确认，以期从银行等电子货币发行机构验证得到支付资金的授权。银行验证确认后，通过建立起来的经支付网关的加密通信通道，给商家服务器回送确认及支付结算信息，为保证进一步的安全，给客户回送支付授权请求（也可没有）。银行得到客户传来的进一步授权结算信息后，把资金从客户账户上转拨至开展电子商务的商家银行账号上，借助金融专用网进行结算，并分别给商家、客户发送支付结算成功信息。商家服务器收到银行发来的结算成功信息后，给客户发送网络付款成功信息和发货通知（见图6-9）。

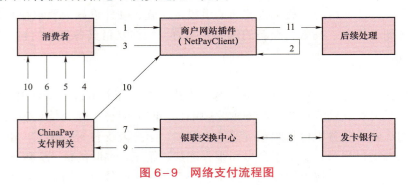

图6-9 网络支付流程图

五、网络支付平台发展特点

（一）进入成本低

随着商业银行网上银行业务的纷纷推出，第三方支付平台连接银行的成本越来越低（技术、投入设备和商务谈判方面），进入门槛降低；第三方网上支付平台属于高风险行业，退出壁垒较高，因此网上支付服务提供商并不能轻易退出，而是在行业内维持竞争状态。

（二）竞争激烈

由于产业处于发展初期，出现了上下游之间、第三方网上支付平台之间对优质商户的争夺。

（1）上下游互相渗透，产业链中的各方为了争夺市场纷纷向上、向下渗透。大型商户向第三方支付渗透，网上银行直联优质大型商户，C2C 的第三方支付向 B2C 发展商户。

（2）差异化、专业化经营，市场日益细分。第三方支付在支付安全、快捷和方便上发展出了有中国特色的业务模式。针对行业特点，在航空客票、游戏点卡、公用付费、E-mail 汇款等方面纷纷推出了自己的特色业务。

（3）竞争加剧和市场广阔的矛盾。C2C获得爆发性发展，而B2C也迅速发展，但从行业和收入模式上都呈现集中化与同质化倾向，各种业务模式多，能够达到规模实现盈利的少，急需找到"蓝海"。

六、第三方支付

第三方支付是指具备一定实力和信誉保障的独立机构，通过与银联或网联对接而促成交易双方进行交易的网络支付模式。在第三方支付模式下，买方选购商品后，使用第三方平台提供的账户进行货款支付（支付给第三方），并由第三方通知卖家货款到账、要求发货；买方收到货物、检验货物，并且进行确认后，再通知第三方付款；第三方再将款项转至卖家账户。

第三方支付采用支付结算方式。按支付程序分类，结算方式可分为一步支付方式和分步支付方式，前者包括钞票结算、票据结算（如支票、本票、银行汇票、承兑汇票）、汇转结算（如电汇、网上支付），后者包括信用证结算、保函结算、第三方支付结算。

在社会经济活动中，结算归属于贸易范畴。贸易的核心是交换。交换是交付标的与支付货币两大对立流程的统一。在自由平等的正常主体之间，交换遵循的原则是等价和同步。同步交换，就是交货与付款互为条件，是等价交换的保证。

在实际操作中，对于现货标的的面对面交易，同步交换容易实现；但许多情况下由于交易标的的流转验收（如商品货物的流动、服务劳务的转化）需要过程，货物流和资金流的异步和分离的矛盾不可避免，同步交换往往难以实现。而异步交换，先收受对价的一方容易违背道德和协议，破坏等价交换原则，故先支付对价的一方往往会受制于人，自陷被动、弱势的境地，承担风险。异步交换必须附加信用保障或法律支持才能顺利完成。同步交换，可以规避不等价交换的风险，因此为确保等价交换要遵循同步交换的原则。这就要求支付方式应与交货方式相适配，对当面现货交易，适配即时性一步支付方式；对隔面或期货交易，适配过程化分步支付方式。过程化分步支付方式迎合了交易标的流转验收的过程性特点，款项从启动支付到所有权转移至对方不是一步完成，而是在中间增加中介托管环节，由原来的直接付转改进到间接汇转，业务由一步完成变为分步操作，从而形成一个可监可控的过程，按步骤有条件进行支付。这样就可货走货路，款走款路，两相呼应，同步起落，使资金流适配货物流进程达到同步相应的效果，使支付结算方式更科学化、合理化地迎合市场需求。

传统的支付方式往往是简单的即时性直接付转，一步支付。其中钞票结算和票据结算适配当面现货交易，可实现同步交换；汇转结算中的电汇及网上直转也是一步支付，适配隔面现货交易，但若无信用保障或法律支持，会导致异步交换容易引发非等价交换风险，现实中买方先付款后不能按时按质按量收获标的，卖方先交货后不能按时如数收到价款，被拖延、折扣或拒付等引发经济纠纷的事件时有发生。

在现实的有形市场，异步交换权且可以附加信用保障或法律支持来进行，而在虚拟的无形市场，交易双方互不认识，不知根底，故此，支付问题曾经成为电子商务发展的瓶颈之一：卖家不愿先发货，怕货发出后不能收回货款；买家不愿先支付，担心支付后拿不到商品或商品质量得不到保证。博弈的结果是双方都不愿意先冒险，网上购物无法进行。为迎合同步交换的市场需求,第三方支付应运而生。支付宝（alipay）是国内领先的第三方支付平台,由阿里巴巴集团 CEO 马云先生创立。马云进入 C2C 领域后,发现支付是 C2C 中需要解决的核心问题,因此就推出支付宝这个工具,支付宝最初仅作为淘宝网为解决网络交易安全所设的一个功能,该功能为首先使用的"第三方担保交易模式",由买家将货款打到支付宝账户,由支付宝通知卖家发货,买家收到商品确认后指令支付宝将货款放于卖家,至此完成一笔网络交易。2004 年 12 月支付宝独立为浙江支付宝网络技术有限公司。在 2005 年瑞士达沃斯世界经济论坛上马云首先提出第三方支付平台。

第三方是买卖双方在缺乏信用保障或法律支持的情况下的资金支付"中间平台",买方将货款付给买卖双方之外的第三方,第三方提供安全交易服务,其运作实质是在收付款人之间设立中间过渡账户,使汇转款项实现可控性停顿,只有双方意见达成一致才能决定资金去向。第三方担当中介保管及监督的职能,并不承担什么风险,所以确切地说,这是一种支付托管行为,通过支付托管实现支付保证。

2017 年 1 月 13 日下午,中国人民银行发布了一项支付领域的新规定《中国人民银行办公厅关于实施支付机构客户备付金集中存管有关事项的通知》,明确了第三方支付机构在交易过程中,产生的客户备付金,今后将统一缴存至指定账户,由央行监管,支付机构不得挪用、占用客户备付金。

2018 年 3 月,网联下发 42 号文督促第三方支付机构接入网联渠道,明确 2018 年 6 月 30 日前所有第三方支付机构与银行的直连都将被切断,之后银行不会再单独直接为第三方支付机构提供代扣通道。

目前,第三方支付平台有支付宝、微信支付、云闪付、百度钱包、PayPal、拉卡拉、财付通、融宝、盛付通、连连支付等,不过在实际生活中支付宝和微信支付使用得最多,两者占据大部分市场份额。

截至 2020 年 12 月,我国网民规模达 9.89 亿,互联网普及率达 70.4%,网络零售连续 8 年全球第一,有力推动了消费"双循环"。网络支付用户规模达 8.54 亿,占网民整体的 86.4%。网络支付通过聚合供应链服务,辅助商户精准推送信息,助力我国中小企业数字化转型,推动数字经济发展;移动支付与普惠金融深度融合,通过普及化应用缩小我国东西部和城乡差距,促使数字红利普惠大众,提升金融服务可得性。2020 年,央行数字货币已在深圳、苏州等多个试点城市开展数字人民币红包测试,取得阶段性成果。未来,数字货币将进一步优化功能,覆盖更多消费场景,为网民提供更多数字化生活便利。我国移动支付交易规模全球领先,网络支付模式多元发展,支付业务合规化进程加速,整个行业运行态势持续向好。我国移动支付应用场景持续拓展,交易规模连续 3 年居全球首位。

七、第三方支付优势与劣势

（一）优势

（1）解决了网络时代物流和资金流在时间与空间上的不对称问题。第三方支付在商家与顾客之间建立了一个安全、有效、便捷、低成本的资金划拨方式,保证了交易过程中资金流和物流的正常双向流动,有效缓解了电子商务发展的支付压力。

（2）有效地减少了电子商务交易中的欺诈行为。传统支付方式只具备资金的传递功能、交易以款到发货或货到付款的方式进行，存在非常大的信用风险。第三方支付不仅解决了物流和资金流双向流动的问题，而且可以对交易双方进行约束和监督，增加了网上交易的可信度，在一定程度上消除了人们对网上交易和网上购物的疑虑，让越来越多的人相信并使用网络交易功能。另外，第三方支付平台可以对交易双方的交易进行详细记录，从而防止交易双方对交易行为可能发生的抵赖，并且为在后续交易中可能出现的纠纷问题提供相应的证据。

（3）节约交易成本，缩短交易周期，提高电子商务的效率。传统支付方式如银行汇款、邮政汇款等需要买家去银行或邮局办理烦琐的汇款业务，浪费时间，耗费精力。而第三方支付依托银行系统，只要通过互联网就可以完成支付的整个过程，大大缩减了电子商务的交易周期，节约时间成本和办公成本。

（4）促进银行业务的拓展和服务质量的提高。作为金融服务的一种创新业务，第三方支付不仅节约了银行成本，有利于银行业务处理速度的提高和服务业务的拓展，增加了银行中间业务的收入；更重要的是，第三方支付平台改变了银行的支付处理方式，使消费者随时随地都可以通过互联网获得银行业务服务。

（5）能够较好地突破网上交易中出现的信用问题。第三方支付本身依附于大型的门户网站，且以与其合作的银行的信用作为其信用依托，能够较好地突破网上交易中的信用问题，有利于推动电子商务的快速发展。

（6）操作简便可靠。第三方支付平台与银行的交易接口直接对接，支持多家银行的多卡支付，采用先进的加密模式，在银行、消费者和商家之间传输与存储信息资料，还根据不同用户需要对界面、功能进行调整，更加个性化和人性化。同时，有了网络支付平台，商家和客户之间的交涉由网络来完成，使网上交易变得更加简单。

（二）劣势

（1）用户不信任。在网络支付模式中，第三方支付企业作为独立机构从事金融服务，用户出于固有观念，对其不十分信任，认为安全系数低。

（2）盈利少。第三方支付平台企业运行维护成本高，没有很好的盈利模式，部分第三方支付平台甚至处于不盈利状态。

（3）银行依赖性强。第三方支付平台账户资金的流动依赖银行，由于缺乏认证系统，为了支付信息的安全，第三方支付平台必须依赖银行的专业技术。

（4）结算周期长。由于各种原因，部分第三方支付企业不提供实时结算，结算周期长，进而引起商家资金流动不畅。第三方支付的一般结算方式有两种：一是直接结算到银行卡；二是结算到新开的网络支付账户中，然后自提到银行卡。网络支付的结算周期根据交易额度的不同，可分为 $T+0$ 结算、$T+1$ 结算、$T+3$ 结算等。部分特殊行业和节假日，结算周期可能会延长。

任务实践

一、任务目标

（1）熟悉我国第三方企业的网络经营内容；
（2）完成支付宝账户注册并熟练操作各种使用方式。

二、任务实施

步骤1：用支付宝进行直接支付。

对于面对面的支付，我们可以打开支付宝页面（见图6-10），首页点击"扫一扫"，扫商家（或个人）的付款码进行付款，或者在支付宝首页里点击"付钱/收钱"，出示付款二维码进行付款（见图6-11）。对于不在身边的支付，如果是支付宝账户好友我们可以在搜索框直接输入姓名，然后进行转账支付（见图6-12）。如果不是好友我们可以在搜索框搜索被支付者的支付宝账号进行转账付款（见图6-13）。

图6-10　扫码付款页面

图6-11　扫码付款页面

项目六　配送支付　183

图 6-12　好友转账支付

图 6-13　搜索非好友转账

步骤 2：用支付宝进行生活缴费。

生活缴费具有操作简单方便、一键缴费到账快、缴费有凭据、账单清晰可查的特点。打开支付宝主页（见图 6-14），点击"生活缴费"进入生活缴费页面（见图 6-15），在此页面可以完成电费、水费、燃气费、有线电视、宽带、固话、物业和暖气费等多种家庭常见费用的缴纳。我们以缴纳电费为例，首先点击"电费"，然后页面跳转到所在地的支持付电费的公司（见图 6-16），如果为他人代缴非所在地生活费用，需要先切换到缴费地区，可以点击页面右上角进行切换，再选择电力公司（见图 6-17）。点击相应的电力公司，弹出查询页面，随后点击支付宝号选取绑定在自己手机账号下的账号直接支付，也可以直接输入户号缴纳（见图 6-18）。

步骤 3：整理网络支付应用。

在首页点击  图标，点击"编辑"（见图 6-19）调取全部应用，跳转到"管理我的应用"（见图 6-20），根据自己平时支付的需求进行支付宝应用模块的增减，首页展示最多 14 个应用，增减选定以后点击右上角"完成"即可。

图 6-14 支付宝首页

图 6-15 支付宝生活缴费页面

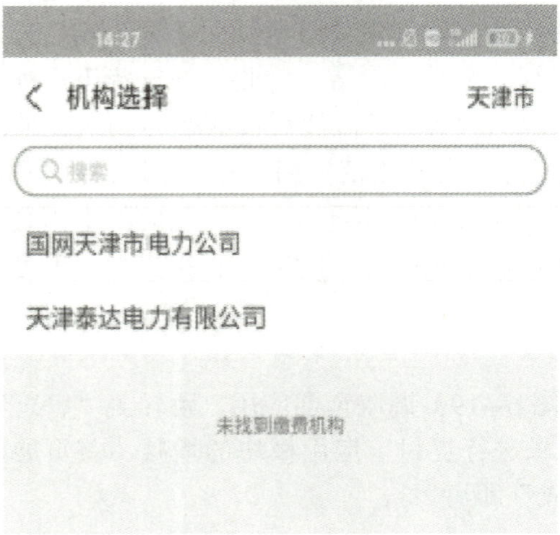

图 6-16 本地缴费页面

图 6-17 城市切换页面

项目六 配送支付

图6-18 输入户号支付电费

图6-19 全部应用编辑　　　　　　　　图6-20 应用选择

三、任务总结

在本次实践任务中,需要注意的是网络支付中所选取的技术方法和手段。通过学习,总结整理实施过程中遇到的问题,讨论、整理出解决方案并完成下面的知识及技能总结表格(见表 6-5)。

表 6-5 知识及技能总结

班级:		姓名:		学号:		完成时间:	
任务名称:			组长签字:		教师签字:		
类别	索引			学生总结		教师点评	
知识点	网络支付特点						
	网络支付模式						
	网络支付要素						
	网络支付流程						
	第三方支付						
技能点	网络付费						
	网络生活缴费						
	网络支付应用						
操作总结	操作流程						
	注意事项						
反思							

电子商务安全管理

知识目标

- 掌握对称加密与非对称加密技术的含义及区别
- 掌握数字证书定义、数字证书的分类、数字证书的作用
- 了解信息完整性、信息的不可否认性、数字签名、单向散列函数的实现原理
- 掌握电子商务法的地位、内涵和特征,了解电子商务法的基本原则和作用

能力目标

- 能够应用PGP软件进行商业信息的加密与解密,以此来实现交易信息的保密
- 能够进行基于SSL证书的安全Web站点的设置
- 能够在电子邮件中进行数字签名
- 能够运用电子商务法律的知识进行有效维权及解决实际问题

素养目标

- 树立诚实守信、实事求是的职业操守
- 培养精益求精的职业操守和精神
- 提高信息传输的安全意识
- 具有独立分析和解决问题的能力

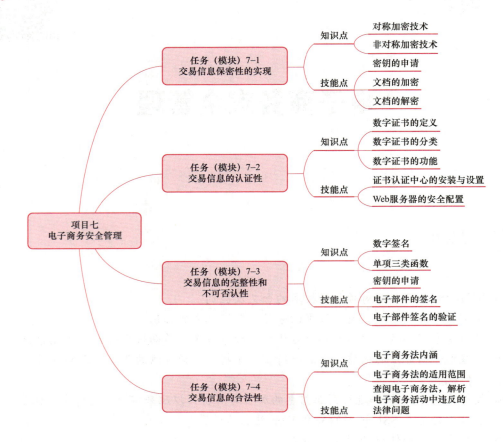

任务 7-1　交易信息保密性的实现

数字加密

一、对称加密（symmetric cryptography）

对称加密是最快速、最简单的一种加密方式，加密（encryption）与解密（decryption）用的是同样的密钥（secret key）。较经典的算法有 DES 及改进后的 Triple DES、RC4、RC5 等，现阶段使用最广泛的对称密码是 DES 算法。对称加密有很多种算法，由于它效率很高，所以被广泛使用在很多加密协议的核心当中。

对称加密通常使用的是相对较小的密钥，一般小于 256 bit。因为密钥越大，加密越强，但加密与解密的过程越慢。如果只用 1 bit 来做密钥，那黑客们可以先试着用 0 来解密，然后再用 1 来解密，解密速度会很快；但如果密钥有 1 MB 大，黑客们可能永远也无法破解。

对称加密的一大缺点是密钥的管理与分配问题，换句话说，如何把密钥发送到需要解密消息的人的手里是一个问题。在发送密钥的过程中，被黑客们拦截的风险很大。

二、非对称加密（asymmetric cryptography）

非对称加密为数据的加密与解密提供了一个非常安全的方法，它使用了一对密钥：公钥（public key）和私钥（private key）。私钥只能由一方安全保管，不能外泄，而公钥则可以发给任何请求它的人。非对称加密使用这对密钥中的一个进行加密，而解密则需要另一个密钥。比如，你向银行请求公钥，银行将公钥发给你，你使用公钥对消息加密，那么只有私钥的持有人——银行才能对你的消息解密。与对称加密不同的是，银行不需要将私钥通过网络发送出去，因此安全性大大提高。

目前最常用的非对称加密算法是 RSA 算法，是 Rivest、Shamir 和 Adleman 于 1978 年发明的。虽然非对称加密很安全，但是和对称加密比起来，它非常慢，所以我们还是要用对称加密来传送消息，但对称加密所使用的密钥我们可以通过非对称加密的方式发送出去。

PGP（Pretty Good Privacy）是一个基于 RSA 公匙加密体系的加密软件。它能让交易双方进行安全的通信，事先并不需要任何保密渠道来传递密匙。它采用了审慎的密匙管理——一种 RSA 和传统加密的杂合算法，功能强大，有很快的速度。

三、对称加密与非对称加密技术的比较

（1）对称加密与解密使用的是同样的密钥，所以速度快，但由于需要将密钥在网络上传输，所以安全性不高。

（2）非对称加密使用了一对密钥——公钥与私钥，所以安全性高，但加密与解密速度慢。

（3）解决的办法是将对称加密的密钥使用非对称加密的公钥进行加密，然后发送出去，接收方使用私钥进行解密得到对称加密的密钥，然后双方可以使用对称加密来进行沟通。

任务实践

一、任务目标

掌握对称加密和非对称加密的定义,理解商业机密文件的加密解密原理并且能够应用加密软件实现商务信息加密。

二、任务实施

场景:电子商务信息的加密。

员工用网络传输涉及商业秘密的文件时,应使用加密计算机程序,取得解密钥匙。信息的被送达人享有该钥匙进行解密,而取得信息。这种措施对于传送文件、信息途中的窃取、窃听,以及员工因过失按错送达对象按钮,都可以有效保守秘密。Dulu 和 Zqn 是商务合作伙伴,两人经常通过互联网进行文件的传送,为了避免文件传送过程中被窃取而造成泄密的情况,两人应用 PGP 加密系统进行信息的沟通。

PGP 将执行下面这些操作:

(1)生成 Dulu 和 Zqn 公钥和私钥,Dulu 和 Zqn 将各自的公钥发送给对方。

(2)Zqn 将 Dulu 的公钥导入自己的 PGP 中。

(3)Zqn 将自己撰写的商业文档用 PGP 中 Dulu 的公钥进行加密,并将加密的文档发送给 Dulu。

(4)Dulu 收到加密文档,用 PGP 软件中自己的私钥进行解密,得到商业文档的原始文件。

通过上述步骤,就完成了对 Zqn 的商业文档的加密,由于只有 Dulu 的私钥才能解密文档,Zqn 再也不用为文档被窃取导致商业机密泄露而担心了。

步骤 1:密钥的生成。

(1)点击开始—程序—PGP—PGPkeys,打开 PGPkeys 软件。

(2)在 PGPkeys 软件窗口中点击密钥—新建密钥,弹出一个对话框,如图 7-1 所示。

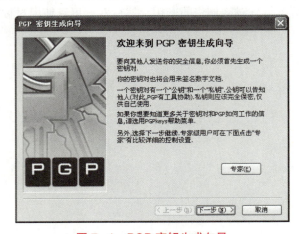

图 7-1　PGP 密钥生成向导

(3) 点击"下一步"—设置全名和 E-mail 地址，如图 7-2 所示。

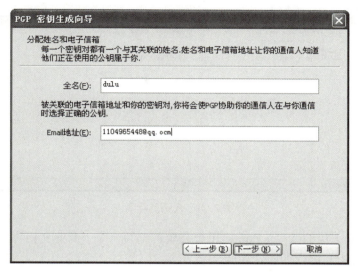

图 7-2　密钥参数的填写

(4) 点击"下一步"，设置密码，如图 7-3 所示。

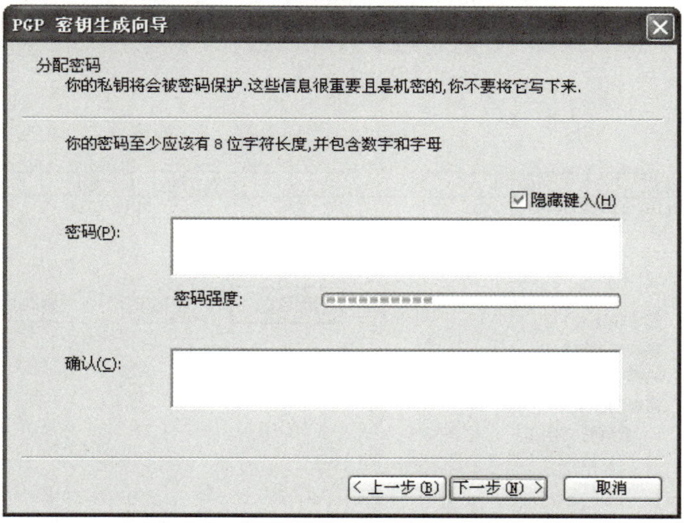

图 7-3　私钥密码保护设置

(5) 点击"下一步"完成。
(6) 点击"密钥"—导出—保存。
步骤 2：公钥的分发与导入。
(1) Dulu 应用电子邮件将自己的公钥发送给 Zqn。
(2) Zqn 接收到 Dulu 的公钥后应用 PGP 软件将其导入。打开 PGPkeys 软件—密钥—导入，选择接收方发送的公钥，点击打开—导入，如图 7-4 所示。

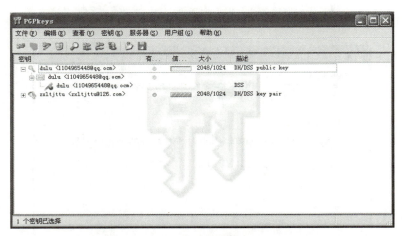

图 7-4 公钥的导入

步骤 3：商业文档的撰写。Zqn 应用办公软件编写一个"商业文档"，并选择接收方的公钥（Dulu 的公钥）进行加密，如图 7-5 所示。

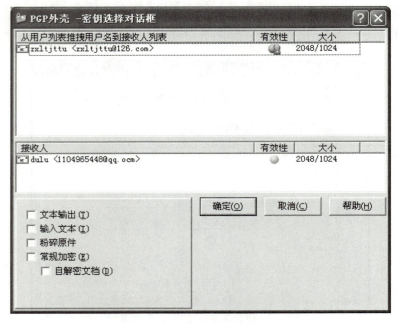

图 7-5 加密密钥的选择

将加密文档保存，生成一个加密的文档 。将加密后的文档通过电子邮件或微信小程序发送给接收方 Dulu。

步骤 4：商业文档的解密。

（1）Dulu 收到来自 Zqn 的加密文档，开始进行文档的解密，步骤如下：右键点击该加密文档—PGP—解密&校验，输入自己的私钥密码，如图 7-6 所示。

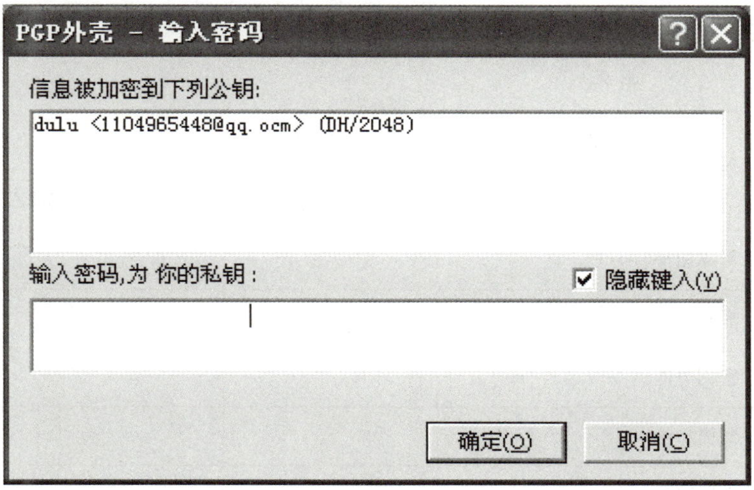

图 7-6 解密密钥的选择

（2）确定—保存该文档，即可完成文件的解密，如图 7-7 所示。

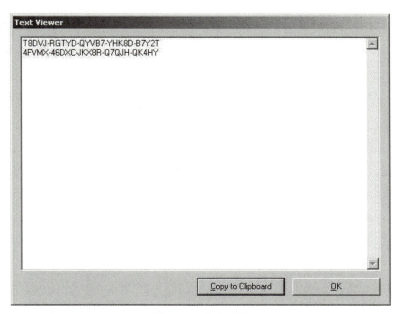

图 7-7 解密结果

三、任务总结

在本次实践任务中，需要理解加密和解密的重要性，掌握加密和解密的实现过程。通过学习，总结整理实施过程中遇到的问题，讨论、整理出解决方案并完成下面的知识及技能总结表格（见表 7-1）。

表 7-1　知识及技能总结

班级：		姓名：	学号：	完成时间：
任务名称：		组长签字：	教师签字：	
类别	索引	学生总结		教师点评
知识点	对称加密			
	非对称加密			
技能点	密钥申请			
	文档加密			
	文档解密			
操作总结	操作流程			
	注意事项			
反思				

任务 7-2　交易信息的认证性

知识储备

数字证书

一、数字证书的定义及分类

数字证书从本质上来说是一种电子文档，是由电子商务认证中心（以下简称 CA 中心）所颁发的一种较为权威与公正的证书，对电子商务活动有重要影响，用户在各种电子商务平台进行购物消费时，必须在电脑上安装数字证书来确保资金的安全性。

从数字证书使用对象的角度划分，目前的数字证书类型主要包括：个人身份证书、企业或机构身份证书、支付网关证书、服务器证书、安全电子邮件证书、个人代码签名证书。这些数字证书特点各有不同。

从数字证书的技术角度，CA 中心发放的证书分为两类：SSL 证书和 SET 证书。一般来说，SSL 证书是服务于银行对企业或企业对企业的电子商务活动的；而 SET 证书则服务于持卡消费、网上购物。

SSL 证书是数字证书的一种，类似于驾驶证、护照和营业执照的电子副本。因为配置在服务器上，也称为 SSL 服务器证书。SSL 证书就是遵守 SSL 协议，由受信任的数字证书颁发机构 CA 在验证服务器身份后颁发，具有服务器身份验证和数据传输加密功能。

SSL 证书通过在客户端浏览器和 Web 服务器之间建立一条 SSL 安全通道（Secure Socket Layer）。SSL 安全协议是由 Netscape Communication 公司设计开发的。该安全协议主要用来提供对用户和服务器的认证；对传送的数据进行加密和隐藏；确保数据在传送中不被改变，即保证数据的完整性，现已成为该领域中全球化的标准。由于 SSL 技术已建立到所有主要的浏览器和 Web 服务器程序中，因此，仅需安装服务器证书就可以激活该功能了，即通过它可以激活 SSL 协议，实现数据信息在客户端和服务器之间的加密传输，可以防止数据信息的泄露，保证了双方传递信息的安全性，而且用户可以通过服务器证书验证他所访问的网站是不是真实可靠。为了在 Web 服务器上使用证书进行身份认证需要采取图 7-8 所示的若干流程。

二、数字证书的功能

数字证书可用于发送安全电子邮件、访问安全站点以及网上证券、网上招标采购、网上签约、网上办公、网上缴费、网上税务等网上安全电子事务处理和安全电子交易活动。数字证书主要有以下功能。

（1）信息加密：通过使用数字证书对信息进行加密来保证信息的保密性，采用基于公钥密码体制的数字证书能很好地解决网络信息的加密通信。

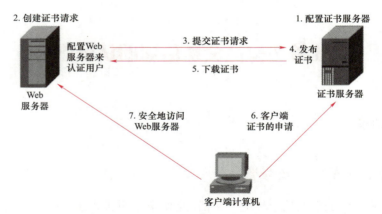

图 7-8　基于 SSL 证书的安全 Web 站点设置流程

（2）数字签名：数字证书可以用来实现数字签名，以防止他人篡改文件，保证文件的正确性、完整性、可靠性和不可抵赖性。

（3）身份认证：利用数字证书实现身份认证可以解决网络上的身份验证，能很好地保障电子商务活动中的交易安全。

任务实践

一、任务目标

了解 SSL 证书的重要作用,能够进行 SSL 证书的安装及设置,实现安全 Web 服务器的建立,深刻理解 Web 服务器、证书认证中心、客户端三者之间的关系。

二、任务实施

步骤 1:配置证书服务器,以 Windows Server 2003 操作系统为例。

(1)在 Windows Serve 2003 环境下,在控制面板—添加/删除组件—Windows 组件向导—证书服务前的复选框打对钩,点击"下一步",如图 7-9 所示。

(2)在 CA 类型中,选择默认状态下的"独立 CA 根",点击下一步,如图 7-10 所示。

(3)CA 公用名称要进行设定,其他选择默认,如图 7-11 所示。

(4)证书数据库选择默认目录存储,点击下一步,配置相关参数,有插入 Windows Serve 2003 i386 操作,点击下一步,直至完成。

(5)点击开始—管理工具—证书颁发机构。安装完毕,如图 7-12 所示。

步骤 2:服务器证书申请信息的填写。

(1)"开始—控制面板—IIS",双击 IIS,打开默认网站,右击属性,选择目录安全性—安全通信—服务器证书,点击弹出如图 7-13 所示的对话框。

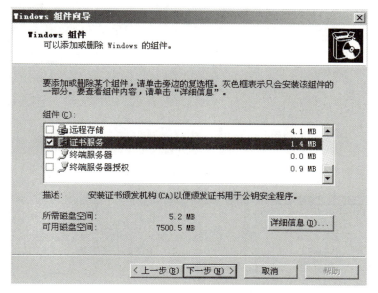

图 7-9 证书服务组件的安装

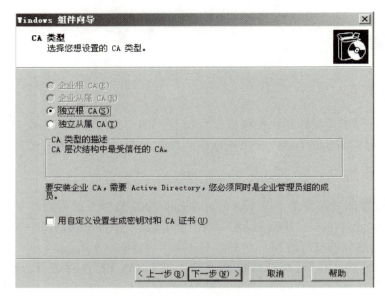

图 7-10 CA 类型的设置

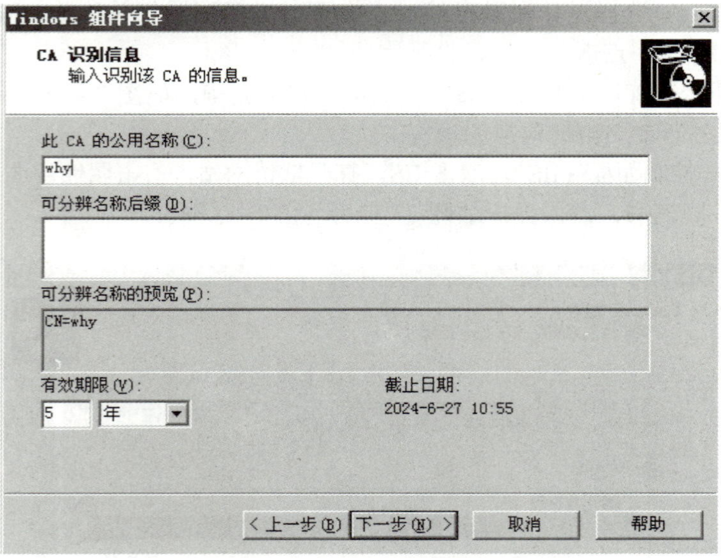

图 7-11 CA 公用名称的设定

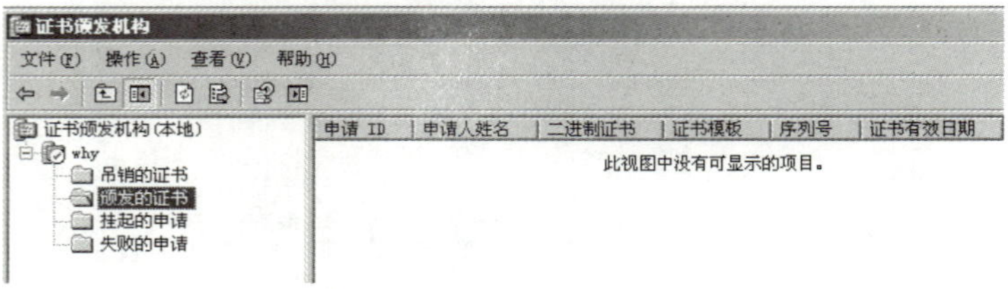

图 7-12 证书服务安装成功

项目七　电子商务安全管理 199

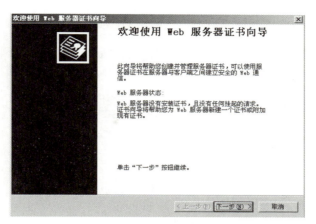

图7-13　Web 服务器证书向导

（2）点击下一步，创建新的服务器证书，如图7-14所示。

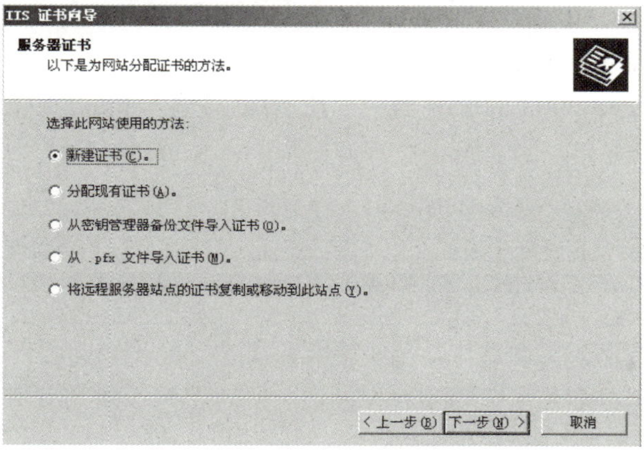

图7-14　新证书的申请

（3）填写名称以及新证书的密钥位长，如图7-15所示。

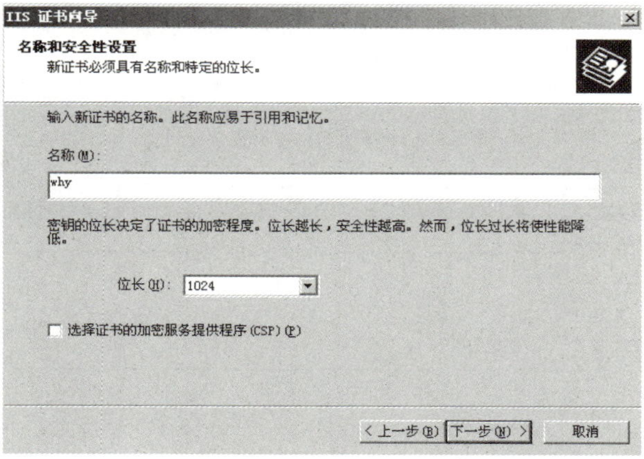

图7-15　密钥位长的设置

（4）按照向导完成服务器证书申请信息的填写，如图7-16所示。

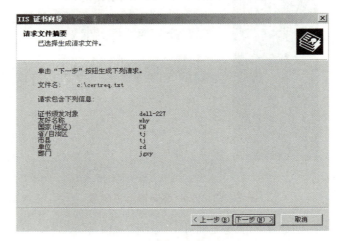

图7-16　服务器证书请求文件摘要

步骤3：服务器证书的申请。

（1）Windows Serve 2003的服务器中，IE浏览器输入http://192.163.0.170/certsrv，如图7-17所示。

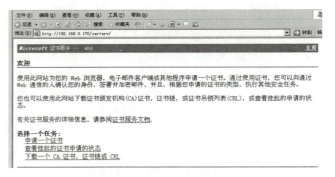

图7-17　服务器证书的申请

（2）证书类型的选择如图7-18所示。

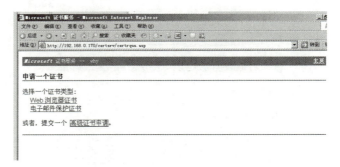

图7-18　证书类型的选择

（3）点击高级证书申请，选择 Base-64 编码的证书申请提交一个证书申请。将步骤 2 中的申请文件打开，粘贴申请信息，如图 7-19 所示。

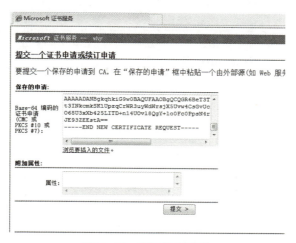

图 7-19　提交证书申请

（4）出现图 7-20 所示的证书挂起页面时，说明证书颁发机构已收到证书申请的请求，等待管理员审核颁发证书。

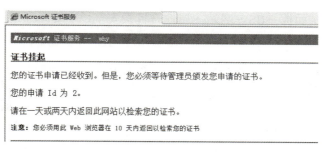

图 7-20　证书挂起

步骤 4：证书颁发。

（1）点击开始—程序—证书颁发机构—颁发的证书，如图 7-21 所示。

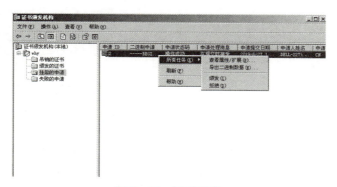

图 7-21　证书颁发

（2）双击并安装该证书，同时查看证书功能，如图 7-22 所示。

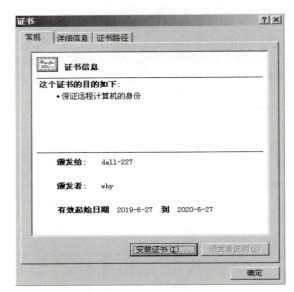

图 7-22 证书的功能

步骤 5：Web 服务器证书的安装。

（1）开始—控制面板—IIS—网站—属性—目录安全性—安全通道—服务器证书，点击处理挂起的请求，如图 7-23 所示。

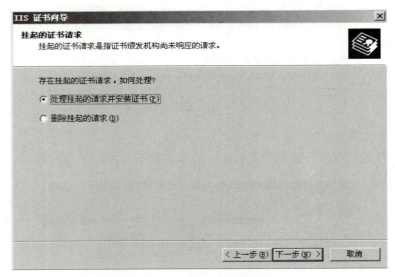

图 7-23 挂起的证书请求

（2）选择步骤 4 中下载的数字证书，按照向导导入 Web 服务器中，并设置 SSL 端口为 443，如图 7-24、图 7-25 所示，至此完成基于 SSL 证书的 Web 服务器的安全设置。

图 7-24 数字证书的选择

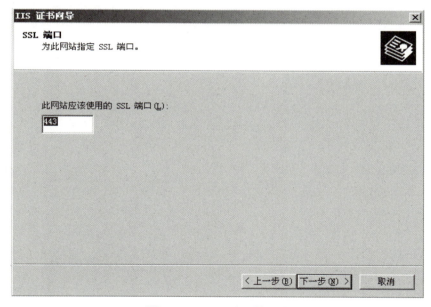

图 7-25 SSL 端口的设置

三、任务总结

在本次实践任务中,需要注意的是 SSL 数字证书在安全 Web 服务器设置中的重要作用。通过学习,总结整理实施过程中遇到的问题,讨论、整理出解决方案并完成下面的知识及技能总结表格(见表 7-2)。

表 7-2　知识及技能总结

班级：		姓名：	学号：	完成时间：
任务名称：		组长签字：	教师签字：	
类别	索引	学生总结		教师点评
知识点	数字证书定义及分类			
	数字证书的功能			
技能点	证书颁发机构的安装与设置			
	Web 服务器证书的申请			
	Web 服务器证书的安装与配置			
操作总结	操作流程			
	注意事项			
反思				

任务 7-3　交易信息的完整性和不可否认性

知识储备

从图 7-26 可见，交易信息的完整性和不可否认性主要从单向散列函数和数字签名技术两方面来实现。

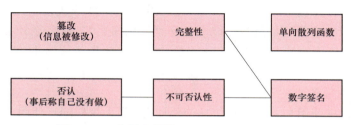

图 7-26　交易完整性和不可否认性相关技术

一、数字签名的定义

数字签名又名数字标识、签章（Digital Certificate，Digital ID），它提供了一种在网上进行身份验证的方法，是用来标志和证明网络通信双方身份的数字信息文件，类似日常生活中的驾驶证或身份证。数字签名主要用于发送安全电子邮件、访问安全站点、网上招标与投标、网上签约、网上订购、网上公文安全传送、网上办公、网上缴费、网上缴税以及网上购物等安全的网上电子交易活动。

二、单向散列函数

单向散列函数，又称单向 Hash 函数、杂凑函数，就是把任意长的输入消息串变化成固定长的输出串且由输出串难以得到输入串的一种函数。这个输出串称为该消息的散列值。一般用于产生消息摘要、密钥加密等。

Hash 函数主要用于完整性校验和提高数字签名的有效性，已有很多方案。这些算法都是伪随机函数，任何杂凑值都是可能的。输出并不以可辨别的方式依赖输入；在任何输入串中单个比特的变化，将会导致输出比特串中大约一半的比特发生变化。

MD5（Message Digest Algorithm 5）：是 RSA 数据安全公司开发的一种单向散列算法，MD5 被广泛使用，可以用来把不同长度的数据块进行暗码运算成一个 128 位的数值。

SHA（Secure Hash Algorithm）：这是一种较新的散列算法，可以对任意长度的数据运算生成一个 160 位的数值。

MAC（Message Authentication Code）：消息认证代码，是一种使用密钥的单向函数，可以用它们在系统上或用户之间认证文件或消息。

CRC（Cyclic Redundancy Check）：循环冗余校验码，CRC 校验由于实现简单，检错能力强，被广泛使用在各种数据校验应用中，占用系统资源少，用软硬件均能实现，是进行数据传输差错检测的一种很好的手段（CRC 并不是严格意义上的散列算法，但它的作用与散列算法大致相同，所以归于此类）。

三、数字签名的过程

数字签名的使用一般涉及以下几个步骤，这几个步骤既可由签名者也可由被签署信息的接收者来完成：

（1）用户生成或取得独一无二的加密密码组。

（2）发件人在计算机上准备一个信息（如以电子邮件的形式）。

（3）发件人用安全的哈希函数功能准备好"信息摘要"。数字签名由一个哈希函数结果值生成，该函数值由被签署的信息和一个给定的私人密码生成，并对其而言是独一无二的。为了确保哈希函数值的安全性，应该使通过任意信息和私人密码的组合而产生同样的数字签名的可能性为零。

（4）发件人通过使用私人密码将信息摘要加密。私人密码通过使用一种数学算法被应用在信息摘要文本中，数字签名包含被加密的信息摘要。

（5）发件人将数字签名附在信息之后。

（6）发件人将数字签名和信息（加密或未加密）发送给电子收件人。

（7）收件人使用发件人的公共密码确认发件人的电子签名。使用发件人的公共密码进行的认证证明信息排他性地来自发件人。

（8）收件人使用同样安全的哈希函数功能创建信息的"信息摘要"。

（9）收件人比较两个信息摘要，假如两者相同，则收件人可以确信信息在签发后并未做任何改变。信息被签发后哪怕是有一个字节的改变，收件人创建的信息摘要与发件人创建的信息摘要都会有所不同。

（10）收件人从证明机构处获得认证证书（或者是通过信息发件人获得），这一证书用以确认发件人发出的信息上的数字签名的真实性。证明机构在数字签名系统中是一个典型的受委托管理证明业务的第三方，该证书包含发件人的公共密码和姓名（以及其他可能的附加信息），由证明机构在其上进行数字签名。

任务实践

一、任务目标

了解数字签名的重要性,掌握数字签名的技术实现以及数字签名的原理。

二、任务实施

场景:应用数字签名进行完整性和不可否认性的校验。

Alice 和 Bob 约会,在告别的时候,Bob 给了 Alice 一张存储卡,并说 "这是我的公钥"。

Alice 回到家里,从存储卡中取出 Bob 的公钥,并存放到自己所使用的 PGP 公钥串中(导入公钥)。由于 Alice 确信刚刚导入的公钥确实是属于 Bob 本人的,因此 Alice 对这个公钥加上了自己的数字签名。

对 Bob 的公钥加上数字签名,就相对于 Alice 声明 "这个公钥属于 Bob 本人(即这个公钥是合法的)"。

随后,Alice 收到了来自 Bob 的邮件,由于这封邮件带有 Bob 的数字签名,因此 Alice 想用 PGP 来验证 Bob 的数字签名。

PGP 将执行下面这些操作:

(1)为了验证 Bob 的数字签名,PGP 需要从 Alice 的公钥串中寻找 Bob 的公钥。

(2)Alice 的公钥串中包含 Bob 的公钥,因为前几天约会之后 Alice 导入了 Bob 的公钥。

(3)PGP 发现 Bob 的公钥带有 Alice 的数字签名,这是因为前几天约会之后 Alice 对 Bob 的公钥加上了数字签名。

(4)为了验证 Alice 的数字签名,PGP 需要从 Alice 的公钥串中寻找 Alice 自己的公钥。

(5)当然,Alice 的公钥串中也包含 Alice 自己的公钥。

(6)PGP 使用 Alice 对 Bob 公钥上 Alice 的数字签名进行验证。如果验证成功,则可以确认这的确是 Bob 的公钥。

(7)PGP 使用合法的 Bob 的公钥对邮件上附带的 Bob 之前的签名进行验证。

通过上述步骤,就完成了对 Bob 的数字签名的验证,Alice 确认这封信就是前几天和她约会的 Bob 所发送的,实现信息完整性和不可否认性的确认,具体步骤如下。

步骤 1:密钥的生成与分发。

(1)Alice 与 Bob 应用 PGP 软件生成自己的密钥对。按照 PGP key 的申请流程进行密钥对的申请与生成,如图 7-27、图 7-28 所示。

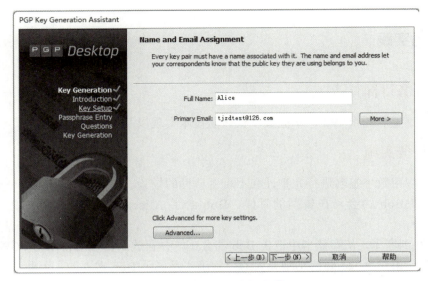

图 7-27　Alice 密钥申请

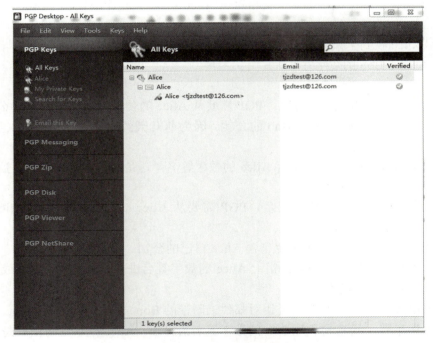

图 7-28　Alice 密钥的生成

（2）Bob 密钥的生成如图 7-29 所示。

（3）密钥的导出与分发。Alice 和 Bob 点击自己的密钥，选择 Export 进行公钥的导出，并通过电子邮件将其传送给对方，如图 7-30、图 7-31 所示。

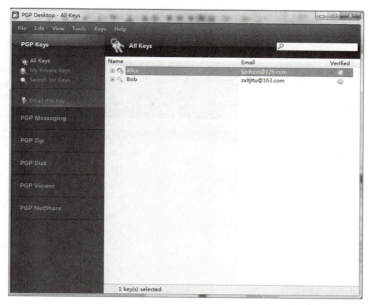

图 7-29　Bob 密钥的生成

图 7-30　Alice 公钥导出

图 7-31　Bob 公钥导出

（4）密钥的导入，以 Alice 为例，将收到的 Bob 的公钥，通过 Import 导入，如图 7-32 所示。

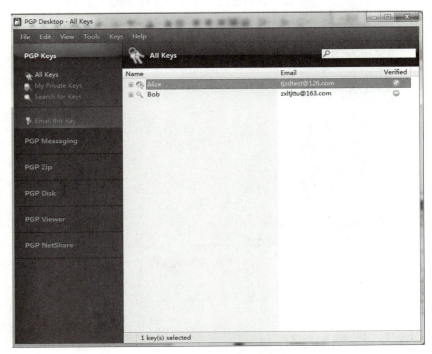

图 7-32 Bob 公钥的导入

步骤 2：电子邮件的加密与签名。

（1）Alice 登录自己的电子邮箱，并撰写邮件信息，如图 7-33、图 7-34 所示。

图 7-33 Alice 登录邮箱（注：此邮箱是 PGP 中注册密钥时应用的邮箱）

项目七 电子商务安全管理

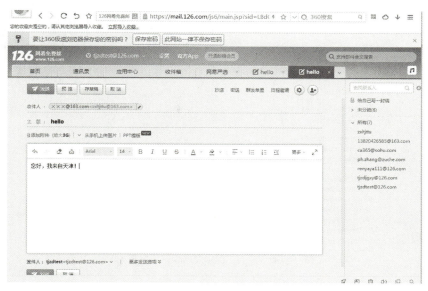

图 7-34　Alice 撰写邮件

（2）Alice 将邮件的原始信息选中，剪切到剪贴板中，选择 Windows 任务栏中 PGP 快捷图标，选择 Clipboard—Encrypt&Sign 进行邮件信息的加密和签名，并将加密和签名后的邮件发送给 Bob。

步骤 3：邮件的解密与验证签名。

（1）Bob 登录自己的邮箱（×××@163.com），接收来自 Alice 的加密签名邮件，如图 7-35、图 7-36 所示。

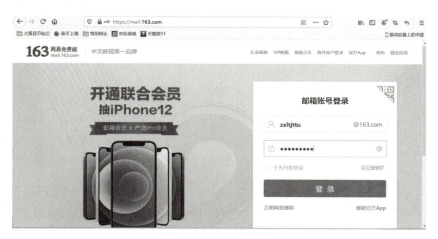

图 7-35　Bob 的邮箱

（2）Bob 将收到的 Alice 加密与签名的电子邮件信息，剪切到剪贴板，点击 Windows 任务栏中的 PGP 软件，选择 Clipboard—Decrypt&Verify（解密和验证签名），解密时应用 Bob 自己的私钥，验证签名应用 Alice 的公钥，如果密钥选择正确，将会弹出如图 7-37 所示的对话框。

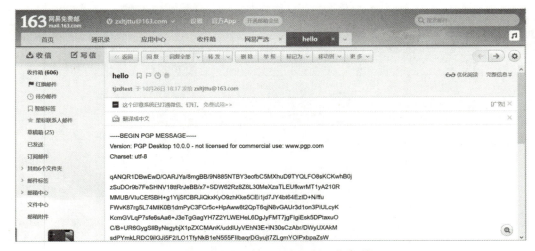

图 7-36　来自 Alice 的加密/签名邮件

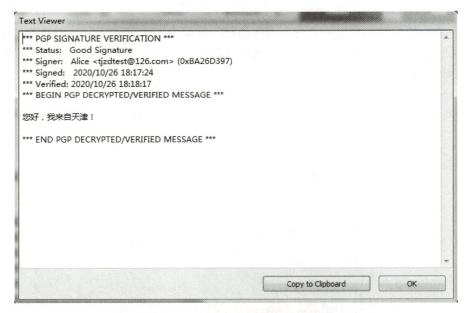

图 7-37　解密与验证签名后的结果

（3）分析签名来自哪位用户，展示解密后的信息。

三、任务总结

在本次实践任务中，需要注意的是数字签名中用于签名的密钥和用于验证签名密钥的区别。通过学习，总结整理实施过程中遇到的问题，讨论、整理出解决方案并完成下面的知识及技能总结表格（见表 7-3）。

表7-3 知识及技能总结

班级：		姓名：	学号：	完成时间：
任务名称：		组长签字：	教师签字：	
类别	索引	学生总结		教师点评
知识点	数字签名定义			
	单向散列算法			
技能点	电子邮件数字签名			
	验证电子邮件数字签名			
操作总结	操作流程			
	注意事项			
反思				

任务 7-4　交易信息的合法性

知识储备

一、电子商务法的内涵

为保障电子商务各方主体的合法权益，规范电子商务行为，维护市场秩序，促进电子商务持续健康发展，2018年8月31日第十三届全国人民代表大会常务委员会第五次会议通过了《中华人民共和国电子商务法》。该法由"总则""电子商务经营者""电子商务合同的订立与履行""电子商务争议解决""电子商务促进""法律责任"以及"附则"组成。

二、电子商务法的适用范围

（1）在我国境内电子商务平台上发生的交易。除当事人另有约定外，在我国境内电子商务平台（电子商务平台经营者在我国境内依法注册登记）发生或者依托我国境内电子商务平台进行的交易，不论交易双方是否为我国境内的自然人、法人和非法人组织，即交易双方均为外国人，交易双方均为我国境内的自然人、法人或者非法人组织，或者交易一方为我国境内的自然人、法人或者非法人组织，均适用我国电子商务法。

（2）交易双方当事人均为我国自然人、法人和非法人组织。即使其利用境外电子商务平台进行交易，也适用我国电子商务法，当事人另有约定的除外。

（3）境外经营者在境外建立网站或者通过境外平台向我国境内的自然人、法人和非法人组织销售商品或者提供服务。如果买方或者服务接受者为消费者，应适用我国电子商务法，除非消费者选择适用商品、服务提供的法律或者消费行为发生在境外。如果买方或者服务接受者为我国境内的法人或者非法人组织，双方可以约定适用我国电子商务法；在当事人没有特别约定时，如果境外经营者介绍商品或者服务使用的语言文字、支付方式、快递物流等明显指向我国境内的法人或者非法人组织，即有向中国境内的法人或者非法人组织销售商品或者提供服务的明显意图，应适用我国电子商务法。

（4）我国与其他国家、地区所缔结或参加的国际条约、协定规定跨境电子商务活动适用我国电子商务法。适用我国电子商务法，既包括《中华人民共和国电子商务法》中的相关条款，也包括涉外民事法律关系适用法以及依照《中华人民共和国电子商务法》第二十六条规定的跨境电子商务应当遵守有关进出口监督管理的法律、行政法规。

三、《中华人民共和国电子商务法》的主要规制解读

（一）厘清"电子商务"内涵

《中华人民共和国电子商务法》对何谓"电子商务"做了开放性的定义，"本法所称电

子商务，是指通过互联网等信息网络销售商品或者提供服务的经营活动"，除第二条列举的互联网金融（例如 P2P）、网络新闻、音视频（如优酷）、出版以及文化（如网络游戏）等少数业态以外，其他依托网络赚钱的活动都涵盖在该法调整范围内。

（二）"工商 + 税务"强监管来临

京东商城、天猫、苏宁易购等平台的 B2C 电商卖家已进行税务登记并正常纳税，相比之下，大量的淘宝、拼多多等 C2C 自然人卖家，以及美团、滴滴等 O2O 自然人卖家，并没有被强制进行工商登记，税务部门难以进行有效监管。对此，《中华人民共和国电子商务法》明确要求，"电子商务经营者应当依法办理市场主体登记"（"电子商务经营者"以下简称"电商"，包括电子商务平台经营者、平台内经营者，以及通过自建网站、其他网络服务销售商品或者提供服务的电子商务经营者），只保留个别例外情形。与此同时，规定电商应当依法履行纳税义务，即使依照例外情形不办理登记的电商在首次纳税义务发生后，应当依照税收征收法规办理税务登记，并如实申报纳税。该法进一步要求，电商平台须向市场监督管理部门、税务部门报送平台内经营者身份信息和纳税信息，否则将承担最高至 50 万元罚款、停业整顿的行政责任。

（三）加强用户信息保护

2017 年 6 月，某 O2O 公司在京东、天猫等电商举办"618"大型促销活动，大量用户投诉个人信息被泄露，并称不断接到来电显示为 4008123456 的诈骗电话，对 TCL 产品及品牌声誉造成负面影响。在《中华人民共和国网络安全法》规定的网络安全保护义务的基础上，《中华人民共和国电子商务法》对电商平台的信息安保义务做了细化规定。

（四）强制信息披露

为提高销售量，业内充斥着刷单、删除差评、竞价排名、搭售及"大数据杀熟"等乱象，这源于消费者的知情、公平交易的权利在电子商务环境中未得到保障。对此，《中华人民共和国电子商务法》明确规定平台承担以下义务，并设定严厉罚则：

（1）不得虚构交易，为消费者提供评价途径，禁止删除差评。

（2）以显著方式区分自营和非自营业务。

（3）规范垂直搜索、明示竞价排名：应当根据商品或者服务的价格、销量、信用等以多种方式向消费者显示商品或者服务的搜索结果；竞价排名的商品或者服务，应当显著标明"广告"。

（4）禁止默认搭售：搭售商品或者服务，应当以显著方式提示注意，不得将搭售作为默认同意的选项。

（5）规范精准营销（"大数据杀熟"）：根据消费者的兴趣爱好、消费习惯等特征向其提供商品或者服务的搜索结果的同时，提供不针对其个人特征的选项。

（五）知识产权投诉"零容忍"，对恶意投诉设立惩罚性赔偿

在实践中，电商平台接到知识产权权利人的侵权投诉后一般先评估侵权行为存在的可能性，如认为可能性较小，则可不采取措施或驳回投诉。平台可按该"通知—删除"规则（亦称"避风港规则"）主张免责，知识产权权利人往往处于被动的地位。

《中华人民共和国电子商务法》建立新的知识产权投诉及处理程序规则，对平台审核做出规制。知识产权权利人认为受到侵害的，有权通知（包含初步证据）平台采取删除、

屏蔽、断开链接、终止交易和服务等必要措施，平台接到通知后应及时采取必要措施（如下架），并将该通知转送平台内经营者，否则对损害的扩大部分承担连带责任和最高至200万元的行政罚款。但另一方面，该法对滥用投诉的行为做出了反制，恶意发出错误通知的应加倍赔偿。

（六）禁止电商平台限制、排斥竞争

《中华人民共和国电子商务法》规定电商平台不得利用服务协议、交易规则以及技术等手段，对平台内经营者在平台内的交易、交易价格以及与其他经营者的交易等进行不合理限制或者附加不合理条件，否则由市场监督管理部门责令限期改正并可以处于最高至200万元的罚款。

（七）强化电商平台安全保障义务

《中华人民共和国电子商务法》规定平台须履行审核平台内经营者信息的真实有效性并定期核验更新的责任，知道或者应当知道平台商品或服务不符合保障人身、财产安全要求，或者有其他侵害消费者合法权益行为，未采取必要措施的承担连带责任和最高至200万元罚款及停业整顿的行政责任。

项目七 电子商务安全管理

任务实践

一、任务目标

通过查阅有关电子商务法，解决电商活动中出现的侵权、欺诈等违背电子商务法律法规的问题，熟练分析涉电子商务法律相关案例。

二、任务实施

步骤1：涉电子商务法律案例引入，阅读以下两个案例，找出违背电子商务法律的哪条规定。

案例一　保障消费者知情权，"刷好评"被严禁

"亲，给个五星好评吧，返2元红包哦！"网购中，部分卖家在评论上做起文章，一方面，利用"小恩小惠"诱导消费者给好评，另一方面，购买"水军"刷好评，这样的举动将被禁止。

案例二　标明"广告"，避免竞价排名误导消费者

电商网站上经常会有商品综合排名，或者推荐购买商品排行。这些排名很大程度上决定着消费者到底将哪一件商品放入购物车。然而当下电商平台收入的很大一部分，来自平台内商家广告投放。网购平台成为广告推广平台，损害的是消费者利益，给电商市场的健康发展带来风险。

以上两个案例中，违背哪些电子商务法律的规定？

步骤2：查阅《中华人民共和国电子商务法》相关内容。

（1）登录中华人民共和国商务部网站，如图7-38所示，网址为：http://www.mofcom.gov.cn/。

图7-38　中华人民共和国商务部网站首页

（2）点击右侧菜单栏中的"新闻发布"选项，如图7-39所示。

（3）访问《中华人民共和国电子商务法》页面，如图7-40所示，网址为：http://www.mofcom.gov.cn/article/zt_dzswf/deptReport/201811/20181102808398.html。

（4）针对案例一中的卖家（即电子商务经营者主体）找到第二章"电子商务经营者"，如图7-41所示。

图7-39　新闻发布选项

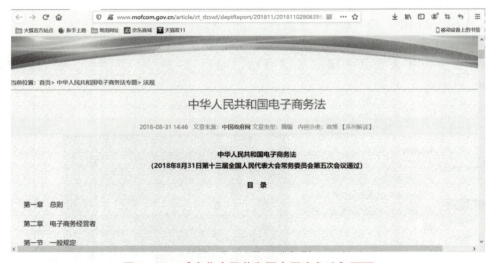

图7-40　《中华人民共和国电子商务法》页面

第十七条规定："电子商务经营者应当全面、真实、准确、及时地披露商品或者服务信息，保障消费者的知情权和选择权。电子商务经营者不得以虚构交易、编造用户评价等方式进行虚假或者引人误解的商业宣传，欺骗、误导消费者。"如图7-42所示。

（5）针对案例二中的电子商务平台经营者主体，找到第二章"电子商务经营者"中的第二节"电子商务平台经营者"，如图7-43所示。

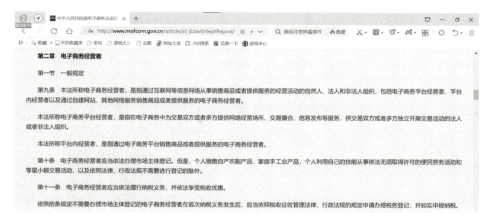

图 7-41　关于电子商务经营者的法律规定

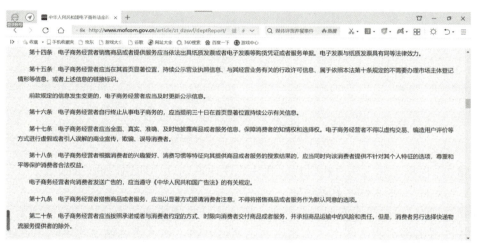

图 7-42　案例一违反的法律规定

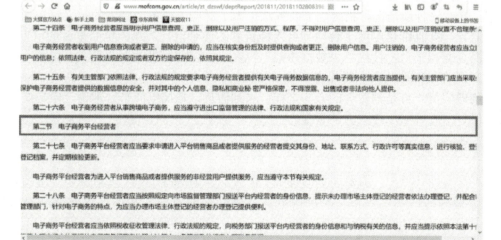

图 7-43　关于电子商务平台经营者的法律规定

其中第四十条规定:"电子商务平台经营者应当根据商品或者服务的价格、销量、信用等以多种方式向消费者显示商品或者服务的搜索结果;对于竞价排名的商品或者服务,应当显著标明'广告'。"如图7-44所示。

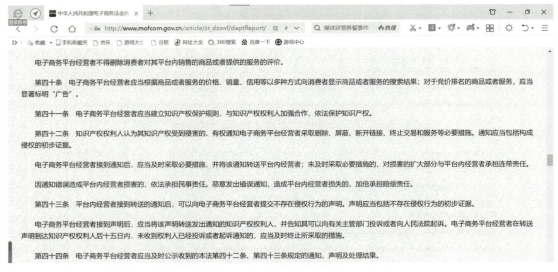

图7-44　案例二中违反的法律规定

步骤3:根据上述案例分析过程,找出以下电商活动中所违反的法律。
(1)"双11"快递不能无限延期。
每到"双11",大量快递拥堵在路上,迟迟无法收到快递的用户也是心焦到无心上班。其实,各种理由都不能是理由,卖家应约定交付时间,并承诺运输中的风险与责任。
(2)微商纳入监管:杜绝"大数据杀熟""店大欺客"等现象。
近年来,移动社交媒体已成为人们日常生活的重要组成部分,微商随之兴起并迅速得到发展。针对这种新情况,我国电子商务法扩大了对电子商务经营者的定义涵盖面,将微商纳入监管,并且细化电商平台与平台内经营者的连带责任,加重电商平台的审查义务,规范电商企业和平台,杜绝"大数据杀熟""店大欺客""野蛮生长"等现象。
(3)网购假货谁负责?强化电商平台责任。
网购遇假货一直是消费者的心头之痛。买到假货,是找电商平台理论,还是要平台内网店赔偿?二者谁应承担更大的责任?

三、任务总结

在本次实践任务中,需要注意的是电子商务法律的实施细则。通过学习,总结整理实施过程中遇到的问题,讨论、整理出解决方案并完成下面的知识及技能总结表格(见表7-4)。

表 7-4 知识及技能总结

班级：		姓名：	学号：	完成时间：
任务名称：		组长签字：	教师签字：	
类别	索引		学生总结	教师点评
知识点	电子商务法的内涵			
	电子商务法的适用范围			
技能点	相关电子商务法律法规的搜索			
	电子商务法律法规的分析			
操作总结	操作流程			
	注意事项			
反思				

 素质教育

网络安全保障和数字经济治理水平持续提升

参 考 文 献

[1] 万守付，罗慧．电子商务基础（第五版）[M]．北京：人民邮电出版社，2019．
[2] 苏朝晖．客户关系管理——客户关系的建立与维护（第四版）[M]．北京：清华大学出版社，2019．
[3] 毛学伟，刘美容．管理学 [M]．北京：中国商业出版社，2017．
[4] 张函．跨境电子商务基础 [M]．北京：人民邮电出版社，2020．
[5] 白东蕊．电子商务基础与实务（双色版）[M]．北京：人民邮电出版社，2020．
[6] 陈德人．电子商务概论与案例分析 [M]．北京：人民邮电出版社，2017．
[7] 王中元．电子商务概论与实训教程 [M]．北京：机械工业出版社，2018．
[8] 杨泳波．电子商务基础与应用 [M]．北京：人民邮电出版社，2017．
[9] 孟泽云．新编电子商务概论 [M]．北京：电子工业出版社，2019．
[10] 刘锦锋．电子商务概论 [M]．北京：人民邮电出版社，2020．
[11] 于巧娥．电子商务基础与实务（第三版）[M]．北京：中国人民大学出版社，2019．
[12] 于巧娥，文继权．电子商务基础与实务（第 2 版）[M]．北京：中国人民大学出版社，2020．
[13] 肖进．网络营销与推广 [M]．北京：机械工业出版社，2017．
[14] 白晨星．电子商务网站建设与管理 [M]．北京：外语教学与研究出版社，2016．
[15] 方玲玉．网络营销实务——"学·用·做"一体化教程 [M]．北京：电子工业出版社，2013．
[16] 唐滔．电子商务基础与实务 [M]．北京：中国人民大学出版社，2018．
[17] 于巧娥，王林毅．电子商务基础（第二版）[M]．北京：中国人民大学出版社，2018．
[18] 苏莉．电子商务基础与实操 [M]．北京：中国人民大学出版社，2018．
[19] I 博导．网络营销实训．
[20] I 博导．跨境电子商务实训．
[21] https://www.cifnews.com.
[22] https://www.zhudc.com.